DR. JEAN HÉDER PETIT-FRÈRE

MAÎTRE, ENSEIGNE-NOUS À PRIER !

"UN OUTIL QUI VOUS AIDERA À PRIER AVEC PLUS D'EFFICACITÉ"

Cet ouvrage a été publié en langue créole haïtienne sous le titre original :
Mèt, montre n kòman pou n priye !

Édition de la version originale créole haïtienne publiée par :
Centre Diplomatique Famille Tabernacle de Louange, Kingdom Productions.
Dr Jean Héder PETIT-FRÈRE, Pasteur senior et fondateur.

Copyright © 2005, par Dr Jean Héder PETIT-FRÈRE
Dépôt légal : 05-03-115
Bibliothèque Nationale d'Haïti
ISBN : 99935-2-759-9

Kingdom Records Unlimited (KRU), 2020
www.krunltd.com
Pour la publication de la réédition en langue française

Dépôt Légal : 1er trimestre 2020

ISBN 978-1-7346914-4-3

Couverture et mise en page: *ARTWORK.HT*
177, rue Faubert Complexe Tropical, Pétion-ville
ISBN :

SOMMAIRE

Dédicace	1
Remerciements	3
Préface	7
Introduction	11

Chapitre I

Définition de la prière	15
Ce que prier est :	19
Définitions étymologiques du mot « prière »	23
Le mot « prière » dans la langue hébraïque	24
Le « Tefila » juif à travers la Bible.	24
La prière est une plaidoirie (Ésaïe 1 :18)	26
La prière est un combat	27

Chapitre II

Pourquoi devons-nous prier ?	31

Chapitre III

L'autorité dans la prière   **51**

Chapitre IV

La foi   **63**

Chapitre V

Comment bien prier?   **81**

Chapitre VI

Les conditions de la prière   **93**

Chapitre VII

Les obstacles à la prière   **105**

Chapitre VIII

I. Les différents types de prières   **121**

II. Quelques prières à éviter   **138**

Chapitre IX

Le Jeûne   **141**

Pourquoi devons-nous jeûner?   **144**

Plusieurs types de jeûnes   **154**

Ce que vous ne devez pas faire en jeûnant   **157**

Ce que nous devons faire en jeûnant   **158**

VI. Les bénéfices du jeûne   **160**

Bénéfices spirituels   **160**

Chapitre X

La guerre spirituelle   **173**

Chapitre XI

Comment prier pour notre pays ?   **201**

Dédicace

Je dédie cet ouvrage :

À ma mère, madame Elza Petit-Frère, qui m'a enseigné les valeurs et la puissance de la prière. Grâce à ses intercessions incessantes et son exemple de piété, nous (*ses deux enfants*) sommes restés unis à Dieu et le servir.

À tous les intercesseurs du Centre Diplomatique Famille Tabernacle Louange (**CDFTL**) et à toutes les autres églises qui militent chaque jour dans le combat spirituel et ainsi autorisent le Ciel à agir avec la permission et la participation de la Terre, jusqu'à ce que puisse s'y accomplir la volonté de Dieu;

À tous ceux qui s'efforcent de trouver joie et satisfaction dans la Présence de Dieu.

À tous les croyants assoiffés d'expérimenter dans une plus large mesure la gloire, les provisions, la faveur et la présence de Dieu chaque jour dans leur vie.

À tous ceux qui étaient sur le point de perdre le goût de la prière, parce qu'ils n'avaient tout simplement pas obtenu les résultats escomptés.

Remerciements

Personne dans la vie n'accomplit rien d'important tout seul. Sans les efforts conjugués des personnes spéciales qui ont choisi de vous bénir par les dons, les talents et le temps que Dieu leur a accordés, cet ouvrage n'aurait pas été possible. Vous savez, dans la vie, nous sommes le produit des gens que nous avons rencontrés et de ce que nous avons appris. Ce livre en est l'évidence la plus probante. À chacune de ces personnes, j'adresse un vif remerciement :

J'aimerais, tout d'abord, remercier mon Seigneur, mon Sauveur et mon Maître, Jésus-Christ, qui m'a autorisé l'usage incessant et délibéré de son nom comme mot de passe pour accéder à mon Père céleste et lui faire part directement de mes besoins.

Je veux ensuite remercier ma reine, ma femme, la révérende Marcia B. Petit-Frère, pour son encouragement et pour avoir sacrifié son temps à l'ultime correction de cet ouvrage. Ma princesse Sara et mes deux beaux princes, Jason et Matthew pour avoir consenti douloureusement que je sois devenu partageable entre eux.

Je tiens également à remercier diligemment le Pasteur Marc Édouard Charles et le bien-aimé frère Siméon Batichon pour les nuits sans sommeil passées à la relecture assidue du manuscrit.

Aux révérends Scott Norris, Mike Davis, Melanie Petersen, Camille Desravines, Chimiste Dorisca et aux Dr. Sammie Holloway, Dr. Richard Pinder et Dr. Myles Munroe, je vous remercie vivement pour la façon dont vous avez laissé Dieu vous utiliser comme une source d'encouragement pour moi.

À L'évêque Joël R. Jeune et sa femme, la révérende Doris Jeune, mon père et ma mère dans la foi , je souhaite que cet ouvrage reflète vos croyances et les valeurs que vous m'aviez inculquées dès mon plus jeune âge.

Je suis finalement redevable des sacrifices consentis et de la patience dont fait continuellement preuve chaque membre du Centre Diplomatique Famille Tabernacle de Louange (**CDFTL**). Je les remercie de m'avoir permis d'exercer ma foi par la prière sur eux, cela me vaut le leader que je suis devenu aujourd'hui. Je crois que vous êtes la meilleure église qu'un pasteur puisse souhaiter diriger. Je prie que votre foi et vos efforts à appliquer les principes du Royaume arrivent effectivement à changer votre vie et ce pays.

Préface

La Bible dit : « *Mon peuple est détruit, parce qu'il lui manque la connaissance* » (Osée 4 : 6). L'ignorance, c'est le toxique primaire (les autres n'en sont que des dérivés) qui empoisonne et détériore les organes de l'église. C'est, à l'évidence, la cause de nombreuses défaites du chrétien. Le monde se gausse de nous et s'interroge souvent : où peut bien être ce Dieu ? Qui peut-Il bien être? Cet état d'inculture, étant inadapté au Royaume, il s'ensuit que la relation du chrétien avec son Roi soit devenue handicapée et improductive.

L'apôtre Jacques stipule : «*Vous demandez et vous ne recevez pas, parce que vous demandez mal*» (Jacques 4 :3). L'apôtre Jean, de son côté, renchérit cet enseignement, en disant : « *Si nous demandons quelque chose selon la volonté de Dieu, Il nous écoute* » (1 Jean 5 :14). Lorsque Dieu nous écoute, nous pouvons alors être sûrs d'avoir déjà eu la chose que nous lui avons demandée. En demeurant ignorants des vérités de Dieu, nous continuerons à mal formuler nos demandes, parce que nous ne connaîtrons jamais comment accorder nos prières avec la Volonté de Dieu dans notre vie. La responsabilité de notre ignorance n'est pas une tâche qui incombe à Dieu. N'ayant jamais voulu que nous soyons ignorants, Il a mis toute la connaissance à notre portée. La Parole de Dieu déclare en Proverbes 4 :7 : « *Acquiers la sagesse, et avec tout ce que tu possèdes, acquiers l'intelligence.* »

Quel est le rapport entre la connaissance et la prière? La Bible dit que Dieu est éternel. Dieu demeure dans une absolue immuabilité. Rien en ce qui Le concerne ne varie. Il est dans le temps et en dehors du temps. Celui qu'il était par le passé, c'est ce qu'il est présentement et c'est ce qu'il sera éternellement. Dans le domaine de la prière, ce ne sont ni nos émotions ni l'ampleur que nous donnons à nos problèmes qui vont émouvoir le cœur de Dieu et le pousser à agir. C'est de préférence la conformité de nos prières à Ses principes qui va le porter à nous écouter et nous exaucer. C'est exactement ce que nous vous invitons à découvrir dans cet ouvrage : comment approcher Dieu dans la certitude qu'il nous exaucera?

Quand vous aurez terminé la lecture et l'étude de cet ouvrage, la prière devra cesser d'être un rituel ennuyeux pour devenir une relation dynamique et plaisante dans laquelle vous allez pouvoir communiquer avec Dieu comme deux amis intimement liés. L'une des fautes graves que nous commettons souvent en priant consiste à monologuer sans nous soucier que Dieu pourrait bien avoir un petit secret à nous confier Lui aussi.

Ce livre vous invite à changer vos méthodes de prière. Si vous continuez à faire la même chose, il est évident que vous obtiendrez les mêmes résultats. Nous pouvons dire en ce sens qu'il n'y a pas de différence entre prier mal et ne pas prier. En renonçant à nos vieilles habitudes de prier, nous serons étonnés de voir combien efficace est cet outil appelé « *prière* ».

Mes frères et sœurs, comprenons bien que ce sont nos prières que Dieu attend pour transformer la vie de nos familles, délivrer nos églises et guérir notre pays. Il est dit dans 2 Chroniques 7:14 que si nous, qui sommes le peuple de Dieu dans le pays, prions selon Sa volonté, Il pardonnera nos péchés et guérira notre pays. Plus que jamais notre nation a besoin d'une armée spirituelle capable de se tenir devant Dieu pour défier l'ennemi. Il y a longtemps que nous prions pour un élan spirituel dans nos églises et dans notre pays. Sachez bien que « les mouvements de réveil spirituel » ont toujours été le fruit de beaucoup de prières et de jeûnes qui se succèdent efficacement. Pour que nos prières aient toute l'efficacité nécessaire, elles doivent être indispensablement conformes aux principes de Dieu.

C'est donc avec beaucoup de joie et d'amour fraternel que je vous recommande l'étude de cet ouvrage. Il va sans dire qu'il ne contient pas indéfiniment toutes les notions relatives à la prière. Je peux néanmoins vous assurer d'y trouver plusieurs vérités fondamentales qui vous aideront à mieux vous approcher de Dieu et devenir finalement ce guerrier qui fera autorité dans les sphères spirituelles.

Je prie de tout mon cœur que le Saint-Esprit vous illumine dans la disposition de votre cœur et de votre esprit. De grâce, ne vous laissez pas scandaliser au regard de certaines vérités susceptibles d'être abordées autrement qu'aux convictions ou croyances auxquelles vous adhériez. C'est l'une des raisons pour lesquelles j'ai dû éviter, avec infiniment de précaution, de tomber dans une sorte de clientélisme ou clanisme ou comme on dit en créole : «*pam pi bon*[1]» de peur que je n'engage vainement une polémique doctrinale sans fondement. Pour cela, j'ai pris le soin de me référer le plus possible à la Parole de Dieu à l'appui de toutes les idées développées, en particulier celles que nous avons jugées difficiles ou passibles d'interprétations erronées.

Ma joie est de voir chaque chrétien et chaque église devenir tout ce à quoi Dieu les avait destinés. Je vous aime beaucoup dans le nom de Jésus-Christ, notre Seigneur et Divin Sauveur.

D^r. Jean Héder PETIT-FRÈRE, D. Min.
Pasteur Fondateur
Centre Diplomatique Famille Tabernacle de Louange

---

1   Le « *Pam pi bon* » (étant une expression empruntée au créole haïtien) exprime une controverse en vogue généralement dans les sectes religieuses haïtiennes et qui sert à discuter de la convenance ou de la supériorité d'un groupe par rapport à un autre.

Introduction

Le D^r. Myles Munroe dit dans son livre sur la prière : « *Le président des États-Unis le fait, la reine d'Angleterre le fait, le premier ministre d'Israël le fait, le président palestinien le fait, les Juifs le font, les musulmans le font, les hindous le font, les bouddhistes le font, les païens le font, les chrétiens le font* ». Et j'ajoute : Les « *vodouïzan[1]* » le font, les citadins et les campagnards le font, tout le monde le fait. Peu de gens ont cependant la certitude que cela marche vraiment et un groupe encore plus restreint s'interroge sur sa nécessité. De quoi s'agit-il ?

Dans sa première lettre à l'église de Thessalonique, l'apôtre Paul exhortant les chrétiens de cette contrée à la prière, leur recommandait : « *Priez sans cesse!* » (1 Thessaloniciens 5 :17). En effet, considérant le peu de temps que nous disposons à nos dévotions quotidiennes - pour la plupart d'entre nous, seulement motivés par notre égocentrisme et nos intérêts mesquins - nous pouvons convenir de ce que l'apôtre entendait par « *prier sans cesse* », qui est encore une notion biblique aujourd'hui mal interprétée par certains chrétiens. « *Priez sans cesse* », implique-t-il l'abandon de toutes nos activités et de nos responsabilités? Loin de là!

Permettez que je vous propose, à travers ce livre, une autre façon d'appliquer ce verset à commencer par cette illustration : considérons le jardin d'Éden où il n'y avait pas d'église. Nous voyons que Dieu et l'homme s'entretenaient par une relation intime et continuelle. Cela montre que la relation est ce qui importe le plus pour Dieu. La Bible dit que Dieu est Omniprésent, c'est-à-dire qu'il est présent en tous lieux et en même temps. Il faut souligner qu'il est Le seul à pouvoir le faire. Elle ajoute encore que quand nous acceptons Jésus, Dieu vient habiter en nous. En d'autres termes, Dieu n'est pas plus

---

[1] Les « *vodouïzan* » : *Mot haïtien qui désigne tout praticien ou adhérent aux rites du vaudou.*

près de nous à l'église qu'Il ne le peut à la maison ou en quelque autre endroit que nous puissions nous trouver en ce moment. Au lieu de passer notre temps à faire de longues prières, ce que nous ne pourrons pas faire en permanence, pourquoi ne pas reprogrammer notre esprit de manière à penser à Dieu à longueur de journée et à Lui dire à chaque fois des paroles brèves mais significatives comme : Seigneur, je T'aime. Aide-moi à Te faire plus de confiance. Merci d'être avec moi. Alors, non seulement nous mettrons en pratique 1 Thessaloniciens 5 :17, nous donnerons également à Dieu l'occasion d'être glorifié à travers tout ce que nous entreprenons pendant notre journée. (1 Corinthiens 10 :31).

Si Dieu est partout en tout temps et qu'il est en nous, quel est le meilleur moment de L'approcher? Vous serez d'accord avec moi que c'est bien MAINTENANT. Si vous êtes d'accord, pourquoi alors ne pas prendre un peu de temps pour Lui dire en peu de mots quelque chose maintenant, avant même que vous ne commenciez à lire la page suivante?

Dr. Jean Héder PETIT-FRÈRE, D. Min.

Chapitre I

Définition de la prière

Nous ne voulons pas vous donner une définition classique capable d'embrasser tout ce que cette expérience est en elle-même, car chaque chrétien, selon les expériences et la vie qu'il est appelé à vivre en Dieu, doit définir pour lui-même ce que la prière veut dire. Cependant, nous pouvons essayer de vous donner, selon la Bible, une vue d'ensemble sur ce que la prière est supposée être, en nous basant sur certaines expériences personnelles et celles d'autres grands serviteurs de Dieu qui font autorité dans ce domaine.

1) Qu'est-ce que la prière ?

La réponse à cette question passe d'abord par une négation. En effet, si nous ne sommes pas sûrs de savoir ce que la prière peut être, nous pouvons être néanmoins certains, grâce aux expériences et aux résultats obtenus, de ce qu'elle n'est pas.

- Ce que la prière n'est pas :

a) Prier, ce n'est pas se plaindre

Certaines gens pensent que le seul moyen pour que Dieu les entende est de se plaindre. Il est important de savoir que les murmures donnent une image dénaturée de Dieu. Ils le présentent sous les traits d'un homme très dur qui ne compatit pas aux douleurs d'autrui qu'à un état d'épuisement complet. Se plaindre est un péché susceptible d'exciter Dieu à la colère. Les murmures et la foi ne vont pas de pair. Nous allons jusqu'à affirmer que les murmures sont l'opposé de la foi. Lorsque nous nous plaignons, nous ne faisons que remettre en question le pouvoir de Dieu, Sa fidélité et Sa bonté. Dans les livres de l'Exode, des Nombres et du Deutéronome, nous voyons que la colère de Dieu, et non Sa bonté, se manifestait à chaque fois que le peuple murmurait.

Il est dit dans Nombres 14 que les murmures du peuple furent la cause de son errance dans le désert durant quarante ans. Il faut remarquer aussi que la même année à sa sortie d'Égypte, le peuple avait presque atteint les frontières du pays de Canaan. Nombres 13 nous montre que Moïse avait envoyé des espions explorer le pays de Canaan. Cela prouve qu'ils n'étaient pas trop loin, et cependant leurs murmures les ont retenus trente-neuf ans de plus dans le désert.

Chers amis, nous devons comprendre que ce ne sont pas les murmures qui vont pousser Dieu à agir en notre faveur. Au contraire, assimilables aux péchés de l'incrédulité, du doute, et de l'ignorance, les murmures ne peuvent que faire obstacle à notre foi en Dieu, et ce faisant nous éloigner de Lui.

Remarque : *Attention! Il ne faut surtout pas confondre murmure avec supplication. Au chapitre 8, nous verrons ce qu'est la prière de supplication.*

2) Prier, ce n'est pas mendier

Certaines autres personnes croient qu'elles doivent avoir l'air maussade, triste et démunies pour approcher Dieu. Elles se disent que Dieu Se refusera toujours de ne pas exaucer une telle attitude. Elles confondent petitesse et l'humilité. Toutefois, nous devons nous abstenir d'arrogance et d'une attitude de suffisance dans la présence de Dieu. Tout ce qui importe consiste à comprendre que Celui qui voit dans le secret n'exauce pas en jugeant de l'extérieur. L'exaucement de nos prières par Dieu ne dépend pas du tout de notre attitude ou notre apparence. La Bible en est claire en disant que Dieu ne considère pas ce que l'homme considère; l'homme regarde à ce qui frappe aux yeux, mais Dieu regarde au cœur. (**1 Samuel 16 : 7**).

Dans Matthieu 6 :16-18, Jésus nous exhorte, lorsque nous prions, à ne pas nous rendre le visage tout défait, car nous n'avons pas à traiter avec l'homme, mais avec Dieu lui-même. C'est selon notre homme intérieur, en jugeant notre cœur que Dieu décidera de nous écouter ou non, de nous exaucer ou non. Aucune apparence ne peut avoir un quelconque effet sur Lui : « *Lorsque vous jeûnez, ne prenez pas un air triste, comme les hypocrites, qui se rendent le visage tout défait, pour montrer aux hommes qu'ils jeûnent. Je vous le dis en vérité, ils reçoivent leur récompense.* » **(Matthieu 6 :16)**

3) Prier, ce n'est pas ordonner Dieu

En priant, nous devons avoir une attitude qui témoigne beaucoup de révérence envers Dieu. Nous devons toujours nous rappeler que Dieu est notre Maître, c'est-à-dire notre Créateur et notre Père. Un bon enfant témoigne beaucoup de respect à l'endroit de son père. Même quand il sait qu'il est du devoir de son père de prendre soin de lui et de pourvoir à ses besoins, cela ne l'autorise pas à se mettre en colère contre son père ou de crier après lui en vue d'obtenir ce dont il a besoin. S'il est insolent de traiter ainsi nos pères terrestres, à plus forte raison sera-t-il discourtois et spirituellement déplacé de traiter ainsi notre Père céleste. Dieu mérite dix fois plus de respect que nos pères terrestres.

4) Prier, ce n'est pas hasarder

Nous rencontrons souvent des gens qui considèrent la prière comme un jeu où ils tentent leur chance. Leur attitude avant de prier exprime ce raisonnement : si Dieu répond, tant mieux ; s'Il ne répond pas, cela ne fait rien. De toute façon, ils n'avaient aucune garantie que cette prière leur serait favorable. « *Si telle est Ta volonté* » est une phrase qui revient fréquemment dans leurs prières. Si vous êtes un enfant de Dieu, vous devez connaître la volonté de Dieu pour vous. Avant de prier, votre démarche devrait de vous assurer que votre demande s'accorde parfaitement au plan de Dieu pour votre vie. La Bible enseigne qu'aucune prière ne sera exaucée à moins d'exprimer la Volonté de Dieu.

Maître, enseigne-nous à prier!

Or, la Volonté de Dieu ne consiste pas à l'approcher dans la crainte et le préjugé d'être rejeté à l'avance, mais dans l'assurance d'être richement pourvu et secouru dans nos besoins depuis la fondation du monde. (Hébreux 4 :16) : « *Nous avons auprès de Lui cette assurance, que si nous demandons quelque chose selon Sa Volonté, Il nous écoute. Et si nous savons qu'Il nous écoute, nous savons que nous possédons la chose que nous lui avons demandée, quelle qu'elle soit.* » **(1 Jean 5 :14-15)**

5) Prier, ce n'est pas ritualiser

Il y a une autre catégorie de personnes qui, en priant, emploient toute une panoplie d'expressions telles que : Dieu trois fois saint, Dieu d'Abraham, d'Isaac et de Jacob... On dirait que Dieu n'entendra pas, si ces expressions n'introduisent pas leurs prières. Ainsi, il se trouve que bon nombre de personnes ont suivi leurs exemples. Ils pensent que prier, c'est répéter un flot de paroles. Pour d'autres, il faut se mettre dans une position spéciale ou se balancer les mains d'un côté et d'autre, faire trembler tout son corps, parler d'une manière affectée et rapide jusqu'à être à bout de souffle et épuisé.

Dans Matthieu 6 :5-13, Jésus nous enseigne le comportement agréé par le Ciel : « *En priant, ne multipliez pas de vaines paroles, comme les païens...* » Le terme païen (*du paganisme*), indique ici toute personne qui vit dans l'ignorance des Vérités de Dieu. Jésus nous exhorte à ne pas suivre l'exemple de ces gens, parce que comme les païens, ils ignorent toutes Vérités concernant Dieu et Sa Parole. De plus, ce n'est pas à force de paroles que Dieu nous exaucera. Le verset 5 nous dit que la prière n'est pas du « *show-biz*[1] ». On ne doit pas chercher à se faire une réputation. On n'a pas besoin de se tenir dans une position pour être vu des hommes ou faire autre chose en vue d'attirer sur soi l'attention des autres. Cela aussi est une récompense : « *Je vous le dis en vérité, ils reçoivent leur récompense.* » **(Matthieu 6 :5,7)**

---

1   Le « show-biz » : train-train professionnel du spectacle, représentation artistique et divertissante donnée en public. Industrie d'amusements et de divertissements.

6) Prier, ce n'est pas répéter une formule magique

La prière n'est pas de l'incantation, c'est-à-dire une formule que l'on récite plusieurs fois en vue d'obtenir des résultats. Nous trouvons plusieurs personnes à l'église qui utilisent en ce sens le livre des Psaumes (*le Psaume 91 par exemple*) et quelques autres passages comme Matthieu 4 :10, 2 Rois 6 :16... Ce n'est pas le fait de réciter un verset à plusieurs reprises qui mettra le diable ou un démon en fuite. D'ailleurs, les démons peuvent aller jusqu'à vous aider à réciter votre verset. Rappelons-nous que lorsqu'il tenta Jésus, Satan lui avait même donné des références bibliques. Bien sûr ! Il a dit à Jésus qu'Il pouvait se jeter en bas (*du haut du temple*) car il est écrit dans le Psaume 91 :11,12 : Dieu donnera des ordres à ses anges à ton sujet ; et ils te porteront sur les mains, de peur que ton pied ne heurte contre une pierre. Que pouvons-nous y comprendre? Ce ne sont pas les lettres et les mots qui composent la Parole qui effraient le diable. Plus loin, nous verrons de quoi il a vraiment peur.

Ce que prier est :

Voyons à présent ce qu'est la prière en nous appuyant sur la Parole de Dieu et les expériences de certains serviteurs qui purent nous convaincre par l'entremise des résultats qu'ils ont obtenus.

Matthew Henry

Selon ce serviteur, la prière est le moyen par lequel nous pouvons expérimenter la grandeur de Dieu dans notre vie personnelle et familiale, dans notre église et notre pays. Voici ce qu'il a écrit à ce propos : « *Quand Dieu veut manifester sa grande miséricorde envers son peuple, sa première démarche est de les convaincre à la prière.* »

Martyn Lloyd Jones

La définition du serviteur Jones nous montre combien il est important de demander à Dieu de nous ouvrir les yeux sur la valeur et l'importance qu'Il accorde à la prière afin que nous prenions plus de plaisir à la pratiquer. Voici précisément la façon dont il émet ce point de vue : « *Il n'y a aucun doute que la prière est la plus belle et la plus noble activité qu'une personne puisse entreprendre sur cette terre. C'est la meilleure position où l'on puisse se trouver quand on est à genoux dans un face-à-face avec Dieu. La prière est la dernière analyse qui montre à l'homme le vrai état de son cœur.* »

Clément d'Alexandrie

Clément d'Alexandrie vécut entre 150 et 215 après Jésus-Christ. Il est l'un des théologiens à qui l'on doit le titre de Pères de l'Église. Il était à la fois un érudit en sciences et un grand serviteur de Dieu. Clément nous a donné l'une des définitions les plus classiques de la prière : Prier, c'est converser avec Dieu.

Converser avec Dieu dans le sens de causer avec lui, c'est-à-dire s'entretenir familièrement d'un sujet avec lui. Dans un contexte haïtien, cette définition est celle qui est la mieux adaptée aux réalités d'une relation bien équilibrée entre Dieu et l'homme. Pour un haïtien causer implique plus qu'un simple fait de se parler. Deux personnes qui ne se connaissent pas peuvent se parler, mais elles ne peuvent pas causer ensemble, car la causerie implique d'abord une relation intime entre elles. C'est pourquoi on entend parfois cette expression : Je fais un brin de causette à un ami! Il n'y a que deux amis, c'est-à-dire deux personnes intimement liées, qui peuvent causer.

De plus, une causerie n'est pas un monologue. Dans un monologue on parle à soi-même ou on parle seul sans tenir compte des autres personnes impliquées dans la conversation. Une autre raison qui rend une causerie plus agréable encore est l'engagement et la complaisance mutuelle des interlocuteurs. Ils se parlent joyeusement sans se soucier des sujets ou du temps nécessaire pour clore la conversation. Souvent, ce doit être la pluie ou l'obscurité qui les oblige à renvoyer la causerie, mais même dans ce cas, c'est toujours très dur pour les amis ou les amoureux de prendre congé l'un de l'autre.

Ce que prier est :

La prière est une activité à peu près de cette nature. Mieux que ça, nous ne sommes pas obligés de prendre congé de Dieu. Il est constamment présent et n'est jamais trop occupé pour nous. Nous pouvons lui causer en tout temps et à longueur de journée. La prière, c'est l'homme et Dieu engagés dans une causerie. Il est important de penser à l'image que nous venons de projeter dans le paragraphe précédent. Généralement, l'une de nos mauvaises pratiques de prière consiste à faire l'étalage des besoins sans laisser le temps à Dieu de réagir. Nous prenons la parole, nous parlons à n'en plus finir, nous disons à tort tout ce que nous avions à dire, ensuite nous repartons, advienne que pourra! Dans les rapports humains, cette attitude est décrite comme très impertinente, et donc trop débraillée pour convenir à une amitié. Franchement, beaucoup de nos prières sont inexaucées à cause cette grossière attitude.

Imaginez que vous vous rendiez chez un ami en vue d'obtenir de lui quelque chose. À peine lui aurez-vous fait la demande, vous êtes reparti. Comment allez-vous savoir si votre ami pourra répondre favorablement ou non à votre demande? Il est très important de donner du temps à Dieu pour nous faire part de Son point de vue sur une demande que nous venions de Lui faire. Après que nous aurons fini de Lui parler, c'est toujours à son tour de nous illuminer et nous exaucer. Si nous savons que Dieu peut nous entendre, nous devons admettre aussi qu'Il peut nous parler.

Dan Allender

La définition de ce serviteur privilégie surtout l'aspect relationnel de la prière. L'homme doit être animé d'un sentiment de confiance et de bien-être quand il entre dans la Présence de Dieu. Son opinion concorde parfaitement avec l'enseignement que Jésus donnait en Matthieu 6, 33. Il nous apprend que le plus important dans la prière n'est pas de faire l'inventaire de nos besoins à Dieu, mais plutôt de chercher à entretenir une relation avec Lui : accéder à Sa présence, c'est ce qui importe le plus pour Dieu dans la prière. La prière, c'est nous élever vers Dieu. En d'autres termes, laissant le monde matériel et ses exigences pour nous approcher de Dieu dans notre pensée, dans notre cœur et dans notre esprit : « *La prière est un dialogue, une interaction humaine et divine dans laquelle l'être humain va à la rencontre de Dieu tel un enfant bien-*

aimé dont la présence attendrit le cœur du père. *La prière commence avec la conviction que le Dieu infini et omniscient connaît toute pensée et toute intention du cœur avant même qu'elles ne soient conçues et exprimées. La prière n'a pas pour but d'informer Dieu. Elle nous met en Sa présence et L'invite dans notre vie.* »

Joseph F. Newton

Il est impossible de parler avec quelqu'un sans avoir accès à sa présence. Beaucoup de chrétiens pratiquant la prière en amateur ne sont pas conscients de la présence immédiate de Dieu. C'est comme dans un face-à-face avec n'importe quel humain. La différence est que Dieu est Esprit et que notre ami humain est matière. Quoique sur deux plans différents, les procédés de communication sont exactement les mêmes. Dans l'inconscience de cette vérité, nous sommes souvent emportés par la distraction ou à penser à autre chose en pleine prière. Il est important d'accepter cette vérité : en priant, que j'en aie le sentiment ou non, si je suis un enfant de Dieu, il est en face de moi, il m'écoute, je l'écoute et le laisse m'assurer de sa bonne grâce à m'exaucer. De son côté, Newton déduit que : « *La prière est non seulement la pratique de la présence de Dieu, mais aussi la conscience de cette présence.* »

E. M. Bounds

En plus de maintenir notre relation intime avec Dieu, la prière est également le moyen par lequel nous donnons la permission à Dieu d'intervenir sur cette terre et notre opportunité de participer avec Lui à changer ce monde. Les réponses spectaculaires à nos prières témoignent en effet, de la grandeur, de l'autorité, de la puissance, de la sagesse de notre Dieu à la vue stupéfaite et émerveillée de nos ennemis. (Josué 2, 9-13). La prière donne à Dieu le droit d'intervenir dans notre vie et sur notre terre. La prière pour Élie était le moyen de projeter Dieu en pleine force dans le monde.

Évagre, disciple d'Origène

S'il est impossible à une baleine de vivre dans un désert et à un aigle d'évoluer dans une grotte, Il est d'autant plus impossible à un chrétien d'être efficace et puissant dans le monde spirituel, et définitivement à un leader de performer et réussir en dehors d'une vie de prière intense.

Dans cette perspective, le disciple d'Origène écrit ceci : « *Si tu es théologien, tu pries vraiment et si tu pries vraiment, tu es théologien.* »

S. D. Gordon

La définition de Gordon met en pleine lumière la puissance extraordinaire de la prière. Rien ne lui est impossible. Elle ne connait pas de limite et elle ignore l'espace. Il n'y a aucun lieu qui lui soit inaccessible, aucune porte n'est fermée pour elle, il n'y a aucun lien qu'elle ne puisse dénouer, aucune situation qu'elle ne puisse changer. C'est en connaissance de cause que Satan préoccupe les chrétiens à faire autre chose que prier. Comme nous l'indique le dicton : « *Quand les chrétiens travaillent, le diable se réjouit; mais quand ils prient, il tremble.* » La prière est une arme qui transcende le temps et l'espace, elle ne connaît aucune limitation.

Définitions étymologiques du mot « prière »

Les grands dictionnaires qui étudient la racine des langues indo-européennes telles que le français, l'anglais et l'allemand donnent le mot PEREK comme l'étymologie du mot prière. Ainsi avons-nous trouvé les mots suivants :

PRAT = prière ; Prechati = demande, requête

Du latin :
Prex, precis = requête adressée à des divinités
Precari = prière
Precarius = ce qu'on trouve (obtient) dans la prière
Imprecari = imprécation ou serment

De l'ancien français :
Proi, pri, priement, priance, prière, postuler.

Le mot « prière » dans la langue hébraïque

Dans la religion juive, le mot employé généralement pour « *prière* » est « *tefila* ». (Ésaie 1 :15). La racine de ce mot est « *P L L* » qui signifie s'évaluer, se juger. Le mot hébreu est « *LEST PALLEL* ». D'après ce mot, la prière est une activité qui concerne l'homme et Dieu.

Selon le rabbin Yo'hanane, la prière est désignée par dix mots différents dans la religion juive et chacun de ces mots donne une caractéristique différente à la prière :

Chaveâ – Exode 2 :23	: Quelqu'un qui supplie un autre.
Tséâga – Exode 2 :23	: Quelqu'un qui pousse des cris.
Néâga – Exode 2 :24	: Quelqu'un qui soupire ou qui gémit.
Rinna – Jérémie 7 :16	: Supplier en faisant du bruit.
Pégurâ – Jérémie 7 :16	: Abattre un arbre, attaquer.
Bitsour – Psaume 18 :7	: Être etranglé.
Geria – Psaume 18 :7	: Quelqu'un qui appelle un autre.
Nippoul – Deutéronome 9 :18	: Protester avec supplication.
Pallul – Psaume 106 :30	: Rendre (faire) justice.
Tohanounim – Dt. 3 :23	: Quelqu'un qui implore.

Le « Tefila » juif à travers la Bible.

Il y a cinq psaumes dans la Bible que les Juifs appellent Tefila. Ce sont les psaumes 17, 86, 90, 102 et 142. Les juifs considèrent la prière comme un face-à-face entre l'homme et Dieu. Cela s'appelle NEGUED dans la langue hébraïque. Les juifs prient à trois moments principaux. Chacun de ces moments de prière porte un nom :

1- Tôt le matin, au crépuscule	: Cha'Harite
2- L'après-midi	: Min'ha
3- Le soir	: Anuite

Daniel, par exemple, avait l'habitude de prier trois fois le jour. (Daniel 6 :11)

Le « Tefila » juif à travers la Bible.

Pour les Juifs, la prière est composée de deux éléments. Par exemple, dans I Rois 8 :28, le roi Salomon dit à Dieu dans sa prière : sois attentif à la prière « Tefila » de ton serviteur et à sa supplication « Te'hinna ». Donc, Dieu entend nos Rinna et Tefila.

Rinna implique l'élément de la prière qui s'oriente vers Dieu, cela veut dire ce qui a rapport personnellement avec Dieu tels que : l'adoration, la louange, la crainte de Dieu, la révérence, l'amour, la joie.

Tefila est en rapport avec les choses personnelles que nous demandons à Dieu. Pour les juifs, la prière est un exercice très difficile et très sérieux. Notre cœur est le siège de cette activité. L'exemple qui soutient ce point est la prière qu'Anne avait adressée à Dieu dans la tente d'Assignation à Silo. (*1 Samuel 1 :13*) La valeur de la prière repose sur la disposition du cœur. Selon les Juifs, sans une bonne disposition, Dieu n'entendra même pas la prière, point n'est besoin de dire qu'il ne l'exaucera pas. Psaume 10 :17.

Les Juifs disent que ce sont les patriarches qui ont institué les trois (3) moments de prière :

Abraham a institué la prière matinale. « *Cha'Harite* ». (**Genèse 19 :27**) L'hébreu utilise le verbe « *âmad* » : se tenir debout qui signifie « *prier* ». Dans le (**Psaume 106 :30**), ce mot est à nouveau utilisé pour montrer que « *amida* » est le siège principal de la prière.

Isaac a institué la prière de l'après-midi « *mine'ha* ». (**Genèse 24 :63**) Le verbe méditer dans ce verset est le verbe hébreu « *lassoua'h* » qui signifie prier. On peut voir aussi le (**Psaume 102 :1**). L'après-midi est le moment de l'épuisement, des réflexions et du découragement.

Jacob a institué la prière du soir « *ârvite* » (**Genèse 28 :11**). « *Vayifgâ* » est le verbe qui est utilisé dans ce passage. On peut lire aussi Jérémie 7 :16.

On peut dire que tous ceux qui ont de l'expérience dans le domaine de la prière, savent qu'il est réellement stratégique de prier à ces trois moments, lesquels correspondent aussi aux trois sacrifices journaliers qui se faisaient dans le temple.

Particulièrement dans la matinée, à notre réveil, avant de vaquer à nos activités, c'est le moment de remercier Dieu de ce qu'Il nous a fait passer une bonne nuit, de lui remettre la journée et de réclamer Sa protection et Sa faveur.

Le soir, c'est le moment où toute la famille se réunit pour remercier Dieu de nous avoir fait passer une bonne journée et de réclamer Sa protection durant la nuit. Nous trouvons ainsi plusieurs passages bibliques qui parlent de ces moments de prière.

La prière est une plaidoirie (Ésaïe 1 :18)

Dans ce passage, nous voyons la prière prendre la forme d'une lutte intellectuelle. Dieu dit à l'homme : « *Venez et plaidons ! dit l'Eternel. Si vos péchés sont comme le cramoisi, ils deviendront blancs comme la neige ; s'ils sont rouges comme la pourpre, ils deviendront comme la laine* ».

Dieu invite l'homme à venir à un tribunal où le juge qui siège est la Sainteté, la Fidélité et l'Immutabilité de Dieu. Ces éléments forment les qualités essentielles de Dieu.

Les deux parties en cause sont l'homme et Dieu. L'instrument juridique dont l'homme dispose pour défendre sa cause au tribunal désigne les promesses de Dieu. Pour que Dieu demeure Etre Suprême, il faut qu'il garde les qualités divines essentielles. Quand l'homme arrive au tribunal, il présente des arguments solides qui montrent que si Dieu n'agit pas, cela remettra en question ces qualités que nous avons mentionnées plus haut.

Le tribunal tranche en faveur de l'homme qui gagne le procès, car Dieu doit demeurer Dieu. On peut prendre l'exemple de Moïse pour traiter ces points. À chaque fois que Dieu a pris des dispositions pour détruire Israël dans le désert, Moïse est allé au tribunal plaider en faveur du peuple. Un des arguments qu'il a toujours présenté au tribunal est : « Si tu fais mourir ce peuple comme un seul homme, les nations qui ont entendu parler de Toi diront : L'Eternel n'avait pas le pouvoir de mener ce peuple dans le pays qu'Il avait juré de lui donner : c'est pour cela qu'Il l'a égorgé dans le désert.» (Nombres 14 :15-16) Puisque la fidélité est la nature de Dieu et qu'Il ne peut demeurer Dieu sans ces qualités, le tribunal a donc tranché en faveur de Moïse et le peuple est sauvé.

Ce que nous devons comprendre, c'est que le peuple méritait effectivement la mort pour les actes qu'il avait commis, mais Dieu n'avait pas de provisions légales pour les exterminer. Dieu doit être toujours fidèle. Il avait juré aux patriarches et aux ancêtres du peuple d'Israël de leur donner la terre promise, tout le pays de Canaan.

Dans la prière, c'est l'homme qui va plaider au tribunal de Dieu. Il faut bien nous rappeler que les sentiments, les désirs, les intentions et les penchants de l'homme ne sont pas des arguments acceptables dans ce tribunal. Les promesses de Dieu sont les seuls arguments valables et convaincants capables de nous faire gagner un procès dans le tribunal.

La prière est un combat

a) Jacob lutte avec Dieu

La prière est une bataille que livre l'homme. Le premier passage qui étaye ce point est Genèse 32 où Jacob luttait avec un ange pendant la nuit. Ils passèrent toute la nuit à se battre. Quand l'ange vit l'aurore se lever, il frappa Jacob à l'emboîture de la hanche. Celui-ci saisit l'ange à bras-le-corps et lui dit : « *Je ne te laisserai point aller, que tu ne m'aies béni.* » C'est ainsi que son nom négatif fut changé, car Jacob signifie voleur, trompeur, rusé. L'ange répondit : « *Ton nom ne sera plus Jacob, mais tu seras appelé Israël, ce qui signifie vainqueur et Prince de Dieu.* »

b) La guerre d'Israël contre Amalek

Un autre passage qui soutient ce point est quand Israël combattit le peuple d'Amalek (Exode 17 :8-16). Dans ce passage, nous voyons que la bataille était menée sur deux fronts : Josué, sur le champ de bataille, dirigeait la guerre physique tandis que Moïse, sur la montagne, élevant la verge de l'Eternel, menait la guerre spirituelle. Quand les mains de Moïse étaient fermes, Israël avait le dessus ; mais quand elles s'affaiblissaient, Amalek était le plus fort. Il est important que nous sachions que nos situations ne sont pas simplement des problèmes physiques. Au contraire, ils sont avant tout des problèmes spirituels, car nous vivons dans un monde à double dimension, un monde parallèle. Cela veut dire qu'il y a un monde spirituel qui se divise en deux réalités (la lumière contre les ténèbres, le mal contre le bien) qui contrôlent et influencent les choses de ce monde physique. Quand les chrétiens prient, ils donnent à leur monde spirituel le droit d'agir sur le monde physique ; quand ils ne prient pas, c'est le monde spirituel de Satan qui contrôle le monde physique. C'est pourquoi Jésus nous dit que « *tout ce que nous lions sur la terre par la prière est lié dans le monde spirituel de satan* » et toutes les bénédictions que nous délions sur la terre sont aussi déliées dans le monde spirituel. (**Matthieu 16 :18,19**)

Daniel 9

Dans ce passage, nous voyons que Satan est souvent à l'œuvre en vue d'empêcher que nos réponses arrivent à destination. Daniel pria, et le même jour Dieu l'entendit et lui envoya la réponse par l'ange Gabriel. Chemin faisant, un démon de l'espace vint lui barrer le passage. Daniel ne savait pas ce qui se passait et il continua à prier. Quand Dieu remarqua que Daniel lui adressait la même requête, Il comprit tout de suite qu'il y avait un problème. C'est ainsi qu'Il dépêcha Michaël, un ange guerrier, pour aller voir ce qui n'allait pas. Michaël combattit le démon et libéra Gabriel. C'est à la suite de toutes ces choses que Daniel finit par trouver la réponse.

Prier, c'est lutter avec persévérance. C'est nous tenir devant Dieu jusqu'à ce que nous obtenions ce dont nous avons besoin. Voilà pourquoi nous devons connaître la volonté de Dieu au sujet de ce que nous demandons avant même que nous ne commencions à prier.

Autrement, nous ne saurons quand résister. Mais nous ne saurons le faire que si nous ignorons la Volonté de Dieu. Nous nous étendrons sur ce sujet plus loin.

Maître, enseigne-nous à prier!

Chapitre II

Pourquoi devons-nous prier ?

La Bible dit clairement que Dieu est Omniscient, c'est-à-dire qu'Il sait tout. Si donc Il sait tout, pourquoi avons-nous besoin de Lui adresser des prières ? Est-ce pour dire des choses qu'Il sait déjà ? Il est important que nous sachions que la prière va plus loin que le simple fait de faire connaître nos besoins à Dieu. C'est ce que nous allons étudier dans ce chapitre.

1) La prière est un commandement

Dans l'évangile johannique, Jésus nous dit que si nous l'aimons nous devons garder ses commandements (Jean 14 :15). La Bible entière regorge de passages où Dieu commande de prier. Nous allons en regarder quelques-uns.

1 Rois 3 :5 – Dieu Lui-même apparut à Salomon et lui dit : « *Demande ce que tu veux que je te donne* ». Mais Dieu sait tout. Il savait ce qui conviendrait le mieux au roi Salomon. Pourquoi a-t-il fallu que ce soit Salomon qui le Lui demanda? On en parlera plus loin.

Psaume 2 :8 – Dieu nous dit de Lui demander et Il nous donnera les nations pour héritage. Dieu nous commande de demander et le seul endroit où nous pouvons demander est dans la prière.

Zacharie 10 :1 – Dieu nous dit de Lui demander la pluie et Il fera pleuvoir abondamment pour que la terre produise. Nous pouvons dire que la pluie symbolise la prospérité. Dieu dit de Lui demander. Si Dieu est notre Père, Il est de notre devoir de Lui obéir. Nous devons demander. Si nous ne demandons pas, point n'est besoin d'espérer recevoir quelque chose de Lui.

Maître, enseigne-nous à prier!

Matthieu 7 :7, 8 – Le verset 7 dit de demander et l'on nous donnera. Le verset 8 dit que quiconque dans le Royaume demande reçoit. Dieu ne fait acception de personne. Quiconque dans le Royaume de Dieu sur la terre a besoin de quelque chose de Dieu, s'il n'applique pas le principe lié à la demande, il n'obtiendra rien. Selon ce verset, seul celui qui demande recevra.

Matthieu 21 :22 – Ce verset commence à nous apporter des précisions. Il nous indique comment il faut demander. Nous devons demander avec Foi. Cela signifie que ce n'est pas une demande vague, une demande dans laquelle nous tentons notre chance, une demande du genre : « *Envoyons nos requêtes dans le plateau (cabaret) céleste.* » Car en les envoyant vaguement, elles peuvent ne pas arriver à destination et tomber par terre, n'est-ce-pas? Non, Dieu ne veut pas que nous Lui envoyions nos prières. Il espère que nous nous approchions convenablement de Lui dans la connaissance de Ses promesses et l'assurance et il nous accorde toujours tout ce dont nous avons besoin.

Jean 14 :13 – Ce verset nous donne une précision supplémentaire. Jésus dit que nous pouvons demander au Père n'importe quoi en Son nom. Jésus Lui-même se chargera de nous l'accorder. Il est très important pour nous de savoir que Jésus-Christ est notre référence devant le trône de Dieu. Un chrétien n'est digne d'entrer dans la présence de Dieu que quand il se revêt du Seigneur Jésus-Christ, c'est-à-dire quand il utilise ce nom comme référence.

Jean 15 :7 – À mesure que nous progressons, nous trouverons plus de précisions. Dans ce verset, Jésus a martelé en ces termes : « *Si vous demeurez en moi, et que mes paroles demeurent en vous, demandez ce que vous voudrez, et cela vous sera accordé.* » Un des obstacles majeurs à nos prières est notre désaccord avec la volonté de Dieu pour notre vie. Quand nous demeurons en Jésus et que Ses paroles demeurent en nous, alors nos désirs seront conformes à Sa volonté pour notre vie. Nos prières aussi seront alors exaucées.

Jean 16 :24 – L'exaucement de nos prières s'accompagne toujours d'une grande bénédiction : c'est la joie, un sujet de contentement.

Quand nous prions Dieu et qu'Il nous écoute et nous exauce, cela raffermit notre confiance en Dieu.

Éphésiens 6 :18 - Dans ce verset, l'apôtre Paul, sous l'autorité du Saint-Esprit, nous exhorte à la prière. Pas seulement lorsque nous nous sentons capables, mais en tout temps et continuellement par toutes sortes de prières et de supplications avec des actions de grâce. Nous devons le faire avec entière persévérance et prier pour tous les serviteurs et servantes de Dieu. (Romains 12 :12)

Colossiens 4 :2 et 1 Thessaloniciens 5 :17 – Ces deux passages nous encouragent à persévérer dans la prière. Après avoir fini de regarder tous ces passages, nous pouvons comprendre que la prière est un exercice spirituel qui revêt beaucoup d'importance pour nous, en ce qui a trait surtout à notre relation avec Dieu et à la manière dont Il opère dans notre vie.

2) La prière est le seul moyen de communiquer avec Dieu

Dès les temps préhistoriques, la communication a toujours été un outil très important pour le progrès de l'humanité. Dans notre XXIe siècle, la communication se révèle un élément indispensable. Elle règne au foyer, à l'école, à l'église et dans la société en général. C'est Dieu qui a créé les hommes avec la capacité de communiquer entre eux. Nous voyons, que malgré les différences linguistiques, les hommes ont quand même des moyens de communication entre eux. Mais nous devons aussi comprendre que Dieu ne nous a pas donné cette faculté uniquement pour régler nos affaires. Il nous a donné ce moyen en vue de l'utiliser également dans notre rapport avec lui. Rappelez-vous que la Bible dit que Dieu a créé l'homme à Sa ressemblance. Cela veut dire que toutes les bonnes facultés que nous portons en nous viennent de Dieu. La première chose qui ait motivé Dieu à nous les donner est de pouvoir les utiliser dans notre relation avec Lui. Dieu veut communiquer avec nous. Il a soif de communiquer avec nous.

Au jardin d'Éden, nous voyons que Dieu savait communiquer avec l'homme. Nous voyons aussi que tous les grands personnages bibliques savaient communiquer avec Dieu. Jésus, dans les jours de Sa chair, entretenait toujours une étroite communication avec Son père. Aujourd'hui encore, que cela se fasse sentir ou non, il y a une grande nécessité que l'homme communique avec son Créateur. La prière est le moyen qui rend possible cette communication.

La communication élimine les barrières qui existent entre les hommes. Elle leur permet de bien se comprendre. Elle améliore leurs rapports. Elle bâtit l'amitié. Elle influence les gens. Il y a de fortes chances que les gens qui ont des activités communes et qui se parlent beaucoup se ressemblent.

Si la communication peut faire toutes ces choses dans les relations humaines, elle les fera aussi dans notre relation avec Dieu. Il faut se rappeler, dans le livre d'Exode, que Moïse passa 40 jours et 40 nuits avec Dieu sur le mont Horeb. Quand il en descendit, Dieu avait tellement déteint sur lui que le peuple ne pouvait même pas le fixer du regard; ce qui l'obligea à mettre un voile sur son visage.

3) La prière donne droit à Dieu dans notre vie

Le tout premier point de ce chapitre dit que nous devons prier parce que Dieu nous l'ordonne. Mais pourquoi Dieu nous ordonne-t-Il de prier? La raison en est que c'est uniquement lorsque nous prions que Dieu a le droit d'agir dans nos vies, nos familles, nos églises, notre pays et sur la terre en général. Imprimez cette vérité au fond de votre cœur : Dieu ne fera rien sur cette terre à moins qu'un humain le Lui autorise par le biais de la prière. Pourquoi? Parce que le Seigneur respecte toujours les principes qu'Il a lui-même établis : mais je croyais, selon la Bible, que Dieu était souverain, qu'Il avait le droit de faire ce qu'Il voulait, comme il le voulait et quand Il le voulait? Vous demandez-vous peut-être. Nous allons étudier ensemble cette question.

Toutes les fois que Dieu dut intervenir dans les affaires des hommes ici-bas, ça a toujours été en réponse à la prière de quelqu'un ou d'un groupe de personnes sur la terre. Ce qu'il faut comprendre, ce n'est pas dans tous les passages qu'on va trouver un verset indiquant où la prière a été adressée à Dieu. Considérons par exemple les chapitres 6 à 10 de la

Genèse. La Bible ne montre pas Noé implorant la justice de Dieu. Mais nous pouvons comprendre que face à toute cette méchanceté qui battait son plein alors sur la terre, Noé et sa famille avaient l'habitude d'adresser des requêtes à Dieu. Genèse 4 nous enseigne une vérité extraordinaire. Dieu dit à Caïn : « *La voix du sang de ton frère crie jusqu'à moi* ». Nous pouvons comprendre que la voix du sang des innocents crie également à Dieu, demandant que justice leur soit rendue. Les catastrophes naturelles, la famine et les épidémies que nous voyons s'abattre sur certains endroits, sont très souvent le résultat des péchés commis, par le passé ou dans le présent, par les habitants de ces lieux. Dieu intervint en faveur du peuple d'Israël en Égypte parce que le peuple poussait de grands cris vers Dieu. Le mot « *cri* » est l'un des mots utilisés en hébreu pour la prière. Le peuple priait quand il demandait à Dieu d'accomplir les promesses qu'Il avait faites à leurs pères. C'est ce que Dieu dit à Moïse : « *J'ai entendu le cri de mon peuple.* » (**Exode 3 :10**)

De la même manière, quand le temps était venu pour le peuple de quitter Babylone, Daniel, consultant le livre du prophète Jérémie, vit que les soixante-dix années de la captivité s'étaient écoulées. Il se répandit en prières, demandant à Dieu de passer à l'action.

Pourquoi lorsque les temps s'étaient accomplis en Égypte et en Babylone, Dieu n'avait-Il pas automatiquement agi? La réponse est que Dieu ne fera rien sur cette terre si quelqu'un ou un groupe de personnes ne le Lui permettent pas par la prière. (**Daniel 9 :1, 2**)

4) La souveraineté de Dieu

Dieu est souverain. Cela veut dire qu'Il est au-dessus de tout ce qui existe dans l'univers en général et qu'Il n'a de compte à rendre à personne. Il se place au plus haut niveau en toutes choses. Mais ce même Dieu, comme nous venons de le voir dans le paragraphe précédent, est un Dieu de principes. Les principes de Dieu sont Ses limites. Ce n'est pas un Dieu qui dit de ne pas voler et qui vole Lui-même. Tous les rapports que Dieu désire entretenir avec l'homme s'inscriront dans le cadre des principes qu'Il a lui-même établis et qui définiront ces rapports.

Maître, enseigne-nous à prier!

La Bible nous dit dans le Psaume 115 : 16 que les Cieux sont les cieux de Dieu, mais qu'Il a donné la terre aux fils de l'homme. C'est exactement ce que Genèse 1 :26-28 nous explique. Quand Dieu eut achevé la création de la Terre, Il en avait confié la responsabilité à l'homme. Nous voyons que c'est l'homme qui donna des noms aux animaux. Il était le gérant de la terre. Tout était sous son contrôle jusqu'à ce qu'il désobéît à Dieu. Même après sa chute, Dieu ne lui ôta pas le droit de domination. La Bible dit que Dieu ne se repent pas de Ses dons (Romains 11 :29), mais cela ne veut pas dire qu'on ne peut pas le perdre. Dieu n'enleva pas le droit à Adam, mais celui-ci le perdit.

Il est vrai que Dieu est souverain, mais les principes qu'il a établis l'empêchent d'agir sur la terre comme Il le souhaite. Pour qu'il accomplisse quoi que ce soit sur la terre, il faut qu'il y ait des gens qui le lui demandent par la prière. Prenons l'exemple du Notre Père : Jésus nous dit que lorsque nous prions, nous devons demander à Dieu que Sa volonté soit faite sur la terre comme elle est faite dans le ciel. Nous pouvons comprendre que dans le ciel, il n'y a aucun problème à ce que la volonté de Dieu se fasse. Il n'a absolument rien qui entrave la volonté de Dieu dans le ciel. Le psalmiste dit que les cieux appartiennent à Dieu. Il ne les a conférés à personne. Il en est lui-même Le gérant.

Lucifer tenta une fois d'y semer la pagaille. Sans demi-mesure, Dieu ordonna à un ange de l'expulser. Depuis, aucun autre ange n'a jamais essayé de faire pareil. Dans le ciel tout marche selon la volonté de Dieu. Cependant, ce n'est pas pareil sur la Terre, car Dieu avait confié la gestion de la terre à une autre entité, à l'homme qui avait manqué à sa responsabilité. C'est ce qui explique la présence de Satan sur la scène et qu'on assiste à toutes sortes de problèmes sur la Terre.

Dieu n'a pas créé l'homme pour qu'il devienne un simple spectateur sur la terre. Rappelez-vous bien que Dieu avait dit qu'Il ferait l'homme à Sa ressemblance. Si Dieu domine dans les cieux, l'homme devrait dominer sur la Terre. Celui-ci, cependant, avait abandonné ce pouvoir par sa désobéissance à Dieu au profit de Satan. Dieu a alors envoyé Son Fils Jésus-Christ pour que l'homme puisse être racheté et ainsi recouvrer ce pouvoir. Jésus a déjà accompli Sa mission. Il est maintenant de la responsabilité de l'homme de jouer sa partition. Il a la responsabilité de prier, de marcher et de vivre selon les principes de Dieu, et de permettre que la Volonté de Dieu se fasse réellement sur la Terre comme au Ciel. Évidemment, Dieu est souverain mais cela n'enlève rien à la responsabilité de l'homme.

Il y a plein de choses que Dieu aimerait voir s'accomplir sur la Terre. S'il peut faire tout ce qu'Il veut, pourquoi ces choses ne sont-elles pas accomplies?

2 Pierre 3 :9 nous dit que ne voulant qu'aucun périsse et Se hâtant à l'accomplissement de Sa promesse, Dieu use de patience en vue de la repentance et du salut de tous. Mais nous savons très bien que tous ne seront pas sauvés. Pourquoi alors? Parce que dans le plan du salut, Dieu et l'homme se partagent les responsabilités. L'homme ne peut pas jouer le rôle de Dieu ni Dieu celui de l'homme. Tout ceci, à cause de ses principes.

5) Quelques passages qui peuvent prêter à équivoque

Malachie 1 :2

L'Éternel Dieu dit : « *J'ai aimé Jacob, et j'ai haï Ésaü* ». Paul ajoute dans Romains 9 :11 : « *Quoique les enfants ne fussent pas encore nés et qu'ils n'aient fait ni bien ni mal.* » La lecture de ce passage nous donne l'impression que Dieu exerce une souveraineté qui déresponsabilise l'homme. On dirait que c'est Dieu Lui-même qui avait fait d'Ésaü ce type d'homme et qui lui avait donné cette personnalité peu recommandable afin de le rejeter par la suite et de préférer Jacob à lui. Devrait-on comprendre que ce soit Dieu qui incite les hommes au péché et à commettre toutes sortes d'abominations pour les détruire après? À Dieu ne plaise que vous croyiez une telle incongruité! S'il en était ainsi, Dieu aurait été à la fois souverain, injuste mais aussi démagogue. Rappelons-nous que Dieu est Omniscient, c'est-à-dire Il sait tout, y compris ce qui s'est passé, ce qui se passe actuellement et ce qui se passera avant même que cela n'arrive. Dans le cas de ces deux frères, Dieu a projeté le film de leurs choix et de leur vie future sur l'écran du présent. Il a vu quelle serait l'attitude de chacun d'eux vis-à-vis de la promesse. Dieu ne saurait Se montrer indifférent au regard de celui qui choisira de Le croire et de L'obéir. C'est dans ce contexte que Dieu aussi a choisi d'aimer l'un et haïr l'autre. Mais ce qu'Il a dit n'a pas influencé leur comportement. N'oublions pas que Dieu a créé l'homme avec un libre arbitre. Cela veut dire que Dieu ne peut contraindre personne à Le servir ni empêcher qu'on Le serve. Ésaü a délibérément choisi d'être un profane spirituel et c'est bien ce qu'il est devenu. De la même manière, Jacob, en dépit de ses défauts, a montré beaucoup d'intérêt pour la promesse. Finalement, il a triomphé de ses défauts et est devenu un géant spirituel.

Exode 9 :16
Quand on lit ce verset, on tiendrait Dieu pour responsable de la méchanceté du cœur de Pharaon, dans le dessein de le détruire. Dans le livre d'Ézéchiel, Dieu dit qu'Il ne désire pas que le méchant meure, mais plutôt qu'il se repente et se détourne de sa méchanceté. Quelque part d'autre, Il dit : Je ne prends point plaisir à voir les gens emprunter le chemin de la destruction. La façon dont Exode 9 :16 se lit ne cadre pas avec la nature de Dieu. C'est la même approche pour les passages précités. Dieu respecte la volonté de tous. Si quelqu'un refuse d'obéir à Dieu, Il ne l'y contraindra pas. Quand cette personne persiste dans la voie de la désobéissance, Dieu ne fera que la regarder allant recevoir le châtiment qui est réservé aux incrédules.

6) Jésus nous laisse le modèle d'une vie de prière.
Jésus a dit qu'un disciple ne peut pas être plus grand que son maître, mais tout disciple accompli sera comme son maître. Étant le Maître et notre Modèle par excellence, le Seigneur Jésus nous laisse l'exemple d'une vie de prière convaincant. En effet, en dehors d'un attachement spirituel dans la prière, nul ne pourra entretenir une relation personnelle intime avec Dieu et du même coup recevoir de Lui les révélations capables de transformer sa vie.

a) Une vie de prière personnelle (dans le secret)

Marc 1 :35 - Jésus avait l'habitude de se lever tôt le matin pour aller prier seul dans un lieu retiré. Nous nous rappelons avoir vu les trois moments de prière habituels des Juifs. L'un d'eux était le matin de très tôt. Jésus allait prier tout seul; ce qui signifie qu'il avait une relation personnelle avec Dieu. Il est important de souligner ceci : il y a des chrétiens qui ne se sentent pas capables de prier que parmi la foule. Ils n'arrivent jamais à se discipliner de manière à passer un peu de temps avec Dieu. Il faut savoir qu'un chrétien qui n'a pas de vie de prière personnelle avec Dieu demeurera toujours un bébé spirituel, car c'est dans les moments intimes que nous passons avec Dieu qu'il nous donne les grandes révélations qui transformeront notre vie.

Marc 1 :46, 47 – Jésus prenait aussi la coutume de prier le soir. C'est en effet un autre moment important dans la vie dévotionnelle des Juifs. Jésus a fait de la prière la pierre angulaire de son ministère. Tôt le matin, il allait auprès du Maître de la moisson pour recevoir conseils, directives et provisions. Le soir, à la tombée de la nuit, il revenait auprès de Lui en vue de Le remercier pour tout ce qu'Il a accompli. Le succès du ministère de Jésus était étroitement lié à la qualité de la relation qu'Il entretenait avec Dieu, Son Père dans la prière. Cette méthode est encore valable aujourd'hui. Une personne, une famille, une église qui n'a pas une vie de prière stable et régulière ne connaîtra jamais le succès.

Luc 5 :15, 16 – Jésus ne se laissait pas grisé par le succès qu'Il avait connu dans Son ministère. En d'autres termes, il avait reconnu que Son triomphe sur le monde matériel avait été dû à son adhésion au Père. Aussi, reconnût-Il qu'à mesure que croissait son ministère, autant Il avait besoin de s'adonner à la prière.

Luc 6 :12 – Jésus avait l'habitude de tenir des veilles de nuit tout seul. Il passait toute une nuit à renouveler l'onction de Dieu sur sa vie par la prière. Voilà pourquoi beaucoup de miracles se manifestaient à travers son ministère. Jésus nous avait garantis que nous serons capables d'accomplir les mêmes prodiges qu'il avait accomplis et même nous pourrons faire plus.

Maître, enseigne-nous à prier!

Si, à l'évidence, le succès de la vie et du ministère de Jésus était basé sur une relation intime avec Son Père par l'entremise d'une vie de prière constante, à plus forte raison nous ne pourrons espérer nous attendre à quoique que ce soit qui ressemblerait de loin au succès, sans avoir l'habitude de nous entretenir avec Dieu dans une attitude constante de notre entière dépendance de Lui.

Si nous ne voyons pas encore les résultats que Jésus nous avait assurés d'avoir dans notre vie et dans notre ministère, c'est seulement parce que nous n'avons pas encore atteint une dimension relationnelle suffisante avec notre Père céleste. Or, cette dimension ne pourra être atteinte en dehors d'une vie de prière permanente.

Luc 9 :18 – Dans ce verset, Jésus enseigne un principe très important et essentiel pour les leaders d'aujourd'hui : « *On ne peut assurer une personne de pouvoir l'emmener dans un endroit où on y est jamais allé.* » En effet, pour conduire quelqu'un quelque part, il faut y être déjà allé. C'est une imprudence grave pour un leader d'emprunter une route dont il ignore l'itinéraire en compagnie de ses disciples. Imaginez-vous ce qu'il adviendrait de ce leader s'il se perd en chemin? Il pourrait perdre à la fois la confiance et le respect de ses disciples. En tant que pasteurs et leaders, nous devons emprunter la route de la prière, avant de devenir de bons guides capables de montrer le chemin aux plus faibles. Dans ce verset, nous voyons que Jésus allait prier avec Ses disciples en certaines occasions, tandis dans d'autres Il faisait cavalier seul.

Luc 22 :41, 42 – Le leader doit éviter de dévoiler ses craintes et ses appréhensions en présence de ses disciples, de peur qu'ils ne se découragent. Il était temps que Jésus s'éloigne un peu d'eux pour aller prier seul, car le moment était vraiment décisif pour Lui.

b) Une vie de prière en public :(Mc. 11 :25; Lc. 3 :21; Jn. 11 :14)
Jésus avait l'habitude de prier en public également, à la différence que les prières faites en public étaient souvent brèves. Y a-t-il une explication à cela? Voici le secret : Quand on a l'habitude de faire de longues prières en secret, il n'est parfois pas nécessaire de prier longuement

en public. En effet, lorsque par la prière constante, nous sommes dans la confidence avec Dieu, nous serons devenus tellement sûrs de Sa volonté et familier de Sa présence, qu'il ne sera plus nécessaire de faire un étalage de mots ni une exhibition de piété : « Pour moi, je savais que Tu m'exauces toujours... » (Jean 11 : 42-43). Selon cette conviction, il suffit de commander aux situations et elles s'empresseront de vous obéir. Il en fut toujours ainsi dans le ministère de Jésus.

Si Jésus, le Maître, menait une vie de prière pour avoir du succès dans Son ministère, combien devient-il indispensable à un leader ou à un croyant désirant une relation intime avec Dieu de s'investir, corps et âme, dans la prière en vue de faire l'expérience de la gloire de Dieu dans son ministère et dans toute autre entreprises.

7) La prière nous fortifie et renouvelle notre force

Ésaïe 40 :31 dit : « *Ceux qui se confient en l'Éternel renouvellent leur force. Ils prennent le vol comme les aigles; ils courent, et ne se lassent point, ils marchent, et ne se fatiguent point.* » La prière est l'un des moyens par lesquels notre confiance en Dieu peut se renouveler. Nos prières sont le témoignage que nous reconnaissons Dieu comme Celui qui peut nous donner le courage de poursuivre la route. En Genèse 32 : 9-12, nous trouvons Jacob en train de demander de la force à Dieu parce qu'il était confronté à un problème qui le dépassait. Ésaü, son frère, avançait contre lui avec un bataillon de quelque 400 hommes, mais Jacob n'était pas assez fort pour affronter les troupes d'Ésaü. Donc, Dieu fut son seul recours. Il pria et Dieu changea le cœur d'Ésaü, le remplissant d'amour pour Jacob au point qu'il pleura amèrement quand il arriva près de lui.

Le livre des Psaumes fourmille de beaux exemples illustrant ce point. C'est là que nous trouvons beaucoup de personnes qui prient Dieu, Lui demandant de les fortifier ou de renouveler leur force dans diverses situations :

Certains étaient confrontés à des problèmes spirituels (Psaumes 25; 38; 51). Nous trouvons dans ces psaumes des gens qui implorent

Dieu pour le pardon de leurs péchés et Lui demandent la force afin de pouvoir tenir ferme spirituellement.

Il y a d'autres hymnes où les psalmistes demandent à Dieu de leur remonter le moral parce qu'ils sont découragés à la vue des mauvaises actions pratiquées par des méchants ou des insensés. La plupart de ces abominations étaient des vols, de l'idolâtrie, des meurtres, des blasphèmes... (**Psaumes 73; 37**).

Il est difficile de ne pas avoir de témoignage dans ce domaine. Combien de fois nous sommes-nous sentis tellement découragés et déprimés que même notre envie d'aller à l'église a carrément chuté au point mort? Le découragement est parfois si fort qu'il se lit sur notre visage au point d'éveiller la curiosité des autres. Et voilà que grâce à un ultime petit effort, à quelques mots d'encouragement d'un ami ou encore parce que nous avons l'obligation ou la responsabilité, nous allons à l'église. Lorsque nous entrons dans la présence du Seigneur, Ésaïe 40 : 31 s'accomplit en nous. Nous entrons dans le temple sur des brancards, mais nous retournons chez nous sur nos deux pieds. Tel est le grand miracle que Dieu peut accomplir dans notre vie lorsque nous l'approchons par la prière.

8) La prière fait connaître la volonté de Dieu

a) Dans la prière, nous trouvons un chemin tout tracé

La Volonté de Dieu, c'est la Parole de Dieu et la Parole de Dieu, c'est la Volonté de Dieu. Cela veut dire que lorsque nous voulons connaître la volonté de Dieu, la seule Source à laquelle nous devons nous référer demeure la Constitution du Royaume, c'est-à-dire la Bible. Lorsque, dans certaines situations, il n'y a aucun verset biblique qui nous illumine, nous n'avons d'autre choix que de nous jeter dans la prière et de consulter Dieu. Quand nous avons besoin d'orientation personnelle pour notre vie, des directives spirituelles pour notre ministère, notre famille ou nos affaires, c'est d'abord dans la prière que nous pouvons trouver des réponses crédibles. (Proverbes 3 :5,6)

Par la suite, nous pouvons toujours demander conseil auprès de nos guides spirituels ou de ceux qui s'y connaissent dans ce domaine.

b) Dans la prière, nous trouvons des directives claires

Tous les patriarches, Abraham, Isaac et Jacob, avaient l'habitude de se servir de la prière en ce sens. Dans Exode, Nombres et Deutéronome, à chaque fois que Moise était confronté à une situation difficile à cause de la mauvaise attitude du peuple, il s'humiliait devant Dieu dans la prière. Dieu lui disait toujours alors ce qu'il devait faire. Nous devons imprimer cette vérité en notre for intérieur : Lorsque nous prions selon les principes de Dieu, Il entend et nous exauce toujours. S'il n'en est pas ainsi tandis que nous sommes sûrs avoir prié selon la Volonté de Dieu, il s'ensuit que nous n'avons pas entendu ou n'avons pas attendu la réponse. Toutefois nous devons être convaincus que Dieu ne méprise jamais les requêtes adressées conformément à Ses Principes.

c) Dans la prière, Dieu nous assure le succès de nos entreprises

Le roi David est un autre très bon exemple biblique que nous trouvons dans 2 Samuel. Il allait combattre les Philistins mais n'ayant trouvé aucun verset du livre de la Loi de Moïse lui dictant ce qu'il devait faire, il pria Dieu pour connaître Sa volonté à ce sujet. David n'allait jamais en guerre sans chercher à connaître d'abord la Volonté de Dieu. C'était à cette attitude qu'il dut tous ses succès militaires. Dans 2 Rois et 2 Chroniques, plusieurs des rois de Juda avaient l'habitude de consulter l'Éternel par la prière quand un danger menaçait le pays. Dieu ne manquait jamais de les exaucer.

d) Dans la prière, nous connaissons le plan de Dieu pour notre vie.

Nous voyons aussi Néhémie se répandre en prières quand il apprit dans quel état piteux se trouvait Juda, et c'est en ce moment de prière qu'il reçut l'appel de Dieu pour aller reconstruire les murailles du pays. Il est important de savoir que ce n'est pas de la bouche de quelqu'un d'autre qu'on doit recevoir l'appel de Dieu pour sa vie. Il doit venir directement de Dieu Lui-même. Après avoir reçu l'appel de Dieu, Dieu peut le confirmer par la bouche de certaines personnes pour lesquelles vous avez beaucoup d'estime. Mais leurs témoignages ne doivent nous servir que de confirmation.

Nous savons les nombreux dégâts que ce phénomène a déjà causés et continue de causer dans nos assemblées. Il a occasionné pas mal de mauvais mariages. Beaucoup de personnes se sont engagées dans le ministère sur la base d'une révélation (rêve) d'une dame missionnaire. Lorsque surviendront les difficultés, que ferez-vous ou vers qui irez-vous quand c'est quelqu'un qui vous a informé de votre appel? À Dieu ou à celui qui vous a donné le message? Si c'est à Dieu, alors sur quelle base allez-vous vous présenter devant Lui quand ce n'est pas Lui qui vous a engagé personnellement? Bien-aimé, si quelqu'un vous dit : « Voici ce que Dieu Lui a communiqué concernant votre vie personnelle », remerciez-le gentiment tout en lui faisant savoir que vous vous attendez à ce que Dieu se révèle aussi personnellement à vous, car vous êtes un enfant de Dieu et Dieu désire s'entretenir avec tous Ses enfants.

9) La prière change les situations

« Un enfant de Dieu qui prie à genoux est plus puissant que la plus grande armée du monde, et plus efficace que le meilleur médicament produit par le plus grand laboratoire du monde ». Je ne me rappelle pas où j'ai lu cette déclaration, mais elle est pure vérité. Nous allons l'appuyer par des exemples tirés de la Bible.

2 Chroniques 20 – Ce passage nous offre un bel exemple du pouvoir qu'a la prière de changer les situations. Dans cette histoire, nous voyons une coalition de trois armées qui marchèrent contre Juda pour le détruire. Puisque le pays de Juda était formé de deux d'entre les douze tribus d'Israël, on peut dire sans être exagéré que l'effectif de ces trois forces armées était nettement supérieur à la population de Juda. Dieu merci, le peuple avait à sa tête un roi qui reconnaissait la puissance de la prière. Aux versets 15-17, Dieu leur répondit par la bouche d'un prophète, disant au roi et à tout le peuple de ne pas avoir peur car la victoire était leur. Les versets 23-30 nous montrent que les trois armées furent détruites, sans la moindre offensive des habitants de Juda. De plus, au verset 25, les habitants de Juda trouvèrent une grande quantité de richesses qu'ils mirent trois jours à ramasser. La prière a le pouvoir de changer en notre faveur les situations qui se dressent contre nous.

Ésaïe 36 – Une situation pareille arriva au roi Ezéchias, encore dans le pays de Juda. Rabschaké, le général en chef de l'armée assyrienne, monta contre Juda, portant avec lui une lettre pleine d'insultes au roi Ezéchias. Cette lettre contenait des paroles acerbes qui ne ménageaient ni le roi ni l'Éternel Dieu. Puisqu'elle était adressée au roi et à Dieu, après l'avoir lue, le roi alla dans le temple. Quand il arriva, il ouvrit la lettre pour Dieu et en donna lecture. Après cela, Dieu dit à Ezéchias : « *C'est à Moi qu'il revient de répondre à Sanchérib.* »

On ne peut pas passer sous silence l'histoire de Daniel et de ses trois amis. Nous voyons comment ils ont triomphé grâce à la prière, dans la fosse aux lions ou dans la fournaise ardente.

Au chapitre 5 du livre des Actes des Apôtres, Pierre et Jean ont été mis en prison pour la cause de l'évangile du Christ, mais l'Église ne cessa de prier Dieu pour leur libération. Comme les chefs refusèrent de les libérer, Dieu agit en vitesse en envoyant un ange ouvrir la porte de la cellule du cachot où ils avaient été incarcérés et les relâcher. La prière a le pouvoir de changer les situations.

Crois-moi, cher ami, la prière a encore aujourd'hui le même pouvoir, car Dieu ne change pas. Ce qu'Il avait l'habitude de faire pour les gens d'autrefois, Il est disposé à le faire encore aujourd'hui s'il y a des gens qui le Lui demandent en priant.

10) La prière rend toutes choses possibles

Combien de fois vous et moi sommes confrontés à des situations qui, selon notre logique et nos sens, étaient impossibles! Face à ces problèmes, il nous arrive même parfois de penser que la prière est un gaspillage de temps. Nous devons toujours nous rappeler que notre conception est différente de celle de Dieu. Ce qui est impossible pour nous ne l'est pas pour Dieu. Au fait, qu'y a-t-il d'impossible à Dieu? Dieu demeure l'Éternel et c'est ce qu'Il a toujours été. Il ne fait rien qui ne cadre pas avec les Principes qu'il a préétablis. En tant qu'enfants de Dieu, lorsque nous prions, nous ne devons pas L'approcher sur la base de nos sentiments ou de notre logique, mais plutôt sur celle de ses principes et de Ses promesses.

Prenons l'exemple d'un patient qu'un médecin a condamné, à la suite d'un cancer qu'il a diagnostiqué. À cause du verdict de ce praticien, on est porté raisonnablement à ne plus prier pour ce patient. Pouvons-nous trouver un seul verset de la Bible où il est dit de ne plus prier pour quelqu'un condamné par un médecin? Il est important que nous sachions que la prière n'a rien à voir avec les principes scientifiques, les rubriques économiques et les horoscopes. La Parole de Dieu devrait être notre boussole en toutes circonstances. La logique de ce monde ou celle de la religion ne peuvent que nous perdre et nous enfoncer davantage dans le désarroi.

11) La prière ignore les sciences humaines.

a) Une étendue d'eau changée en une avenue sèche.
Exode 14 – Qui aurait cru que ce vaste océan devant le peuple d'Israël n'était en fait qu'un grand boulevard? La prière seule a permis de le savoir. Moïse ne le savait pas jusqu'à ce qu'il ait prié. De même, nous ne serons pas capables de réaliser que nos plus grandes difficultés, nos plus grands défis peuvent être nos plus grandes délivrances à moins de prier. Nous ne verrons jamais les adversités se transformer en opportunités jusqu'à ce que nous priions.

b) Un mort enseveli depuis quatre jours qui revit.
Jean 11 – Jésus se tient devant le tombeau de Lazare. Selon la science médicale et toutes les connaissances humaines relatives à la santé, Lazare était mort. Les quatre jours de son inhumation en furent l'évidence. Il n'y avait absolument rien à espérer à part sa résurrection

au dernier jour. (Jean 11 : 24). Telle est la façon dont nous voyons les choses. Y a-t-il un verset de la Bible où il est écrit que c'est impossible qu'un mort revienne à la vie après avoir mangé les pissenlits par la racine depuis quatre jours? Non. Si la Bible ne le dit pas, Jésus avait donc le droit de prier et de demander à Dieu de ramener Lazare à la vie.

c) Un adolescent qui triomphe d'un géant guerrier de métier

1 Samuel 16 – David et Goliath. L'histoire rapporte que les soldats israélites tremblaient de peur et perdaient de leur solidité à la simple vue de Goliath. Un jeune homme qui n'avait pas encore vingt ans, David, vint et déclara qu'il n'allait faire qu'une bouchée de lui. Il fit preuve d'une grande confiance en Dieu. Cet adolescent n'était-il pas originaire du même pays que ces grands guerriers Israélites? Bien sûr que si! Ils étaient compatriotes et parlaient la même langue. La différence se trouvait cependant dans leur manière de voir les choses. Les soldats portaient les lunettes de la logique humaine, tandis que David, lui, portait les lunettes de la logique Divine. Ils regardaient tous deux la même situation, mais ils la voyaient d'un œil différent. En tant qu'enfants de Dieu et ambassadeurs accrédités à son Royaume, nous ne devons jamais regarder les situations à travers les lunettes des hommes pour ne pas être aussi pessimistes et négatifs qu'eux. À travers les lunettes de Dieu, tout ce qui est impossible aux hommes est une belle occasion pour Dieu de Se glorifier.

12) La prière est une arme de combat

Dans 2 Corinthiens 10 :4-5, l'apôtre Paul dit que les armes avec lesquelles nous combattons ne sont pas charnelles, mais elles sont puissantes pour renverser et détruire tous les raisonnements philosophiques de ce monde. L'une de ces armes, c'est la prière. Dans Éphésiens 6 :18, l'apôtre bien-aimé nous recommande de nous servir sans relâche de cette arme. Nous ne devons jamais la déposer. L'un des points déjà développés dans ce chapitre présente Jésus sous les traits d'un grand combattant spirituel qui, après avoir possédé la maîtrise de cette arme, commença à former des disciples et à leur montrer comment utiliser cette arme pour prendre le dessus sur les situations hostiles et l'ennemi.

Maître, enseigne-nous à prier!

Quand quelqu'un se fait enrôler dans l'armée, on ne lui fait pas porter l'uniforme, lui donner une arme et l'envoyer en guerre dès son arrivée. Le soldat pressenti doit d'abord passer plusieurs mois à s'entraîner, à se fortifier et à apprendre les abc des questions militaires. En cet endroit, on forme son caractère de soldat et l'apprend à prendre ses ennemis à revers. De plus, on lui donne une formation sur la science et technique du fonctionnement de toutes sortes d'armes: leur utilisation, leur efficacité... C'est pourquoi on entend dire parfois que les militaires sont des professionnels dans les questions d'armement. Donc, l'armement est son métier. De la même manière, le chrétien est supposé devenir un professionnel dans le domaine de la prière. Si l'armement est le métier du soldat, la prière est le métier du chrétien.

L'une des responsabilités de l'Église vis-à-vis un nouveau converti, c'est de lui donner toute la formation nécessaire dans le domaine de la prière. S'il y a une chose que les chrétiens ne pratiquent pas suffisamment, c'est la prière. Or, ce n'est que par elle que Dieu peut nous assurer la victoire sur nos ennemis. C'est par elle que nous sommes appelés à libérer des captifs de prisons, à briser toutes chaînes d'oppression, à guérir toutes maladies et exorciser des possédés de mauvais esprits. Ce n'est pas sans raison que nos églises soient si faibles et si chétives, parce qu'elles demeurent dans l'ignorance des vérités concernant la prière. Les cultes de prière de nos églises ont au plus faible taux de participation. Les chrétiens consacrent tout le temps qu'il faut pour faire toute autre chose, sauf pour s'adapter à une vie moyenne de prière. Quant au peu de gens qui prient, le diable s'assure qu'ils prient mal en les retenant dans l'ignorance des résultats spectaculaires capables d'en découler. Prier mal et ne pas prier du tout, c'est du pareil au même.

Nous constatons tristement que l'Église est seulement « *à la défensive* ». Pourquoi? La raison en est que l'église fait litière des armes que Dieu lui donne tandis qu'elle devrait les utiliser pour déguerpir Satan sur le trône de ce monde. Une Élise qui ne prie pas ne parviendra jamais à accéder aux hauts lieux de l'Esprit où toutes choses sont possibles.

Notre prière est que Dieu, par le moyen de Son Saint-Esprit, convainque l'Église de l'importance de cette puissante arme qu'est la prière et mette à sa disposition des connaissances y relatives. Ainsi l'Église pourra-t-elle prier, mais surtout bien prier, pour que Dieu entende et agisse dans notre vie, nos familles, nos églises et notre pays.

Chapitre III

L'autorité dans la prière

1) D'où vient notre autorité dans la prière?

L'autorité est un mandat confié à quelqu'un par une instance légale qui lui donne le droit d'agir dans une position ou une fonction bien déterminée. C'est aussi le pouvoir de se faire obéir, respecter et imposer la confiance et ainsi définir ses propres règles. Romains 13 :1 dit que Dieu est la source de l'autorité, c'est-à-dire que c'est Dieu qui a établi le principe de l'autorité et Il est Lui-même la plus haute autorité de tout l'univers. Notre autorité dans la prière, c'est une vertu divine qui nous permet de commander aux situations de s'ordonner selon la Parole de Dieu, d'imposer la culture du Royaume et de dominer la terre comme le Seigneur domine dans les cieux.

2) Dieu a conféré l'autorité à l'homme

D'après Genèse 1 :26-28, Dieu créa l'homme à Sa propre ressemblance. Celui-ci étant déjà qualifié pour exercer comme Dieu l'autorité sur la terre et tout son contenu, et évoluant sur un plan d'ignorance et de rébellion, abandonna ses attributs divins dans le but de ressembler son Créateur. Or la Vérité, nous la connaissons : l'univers et son contenu sont sous l'autorité de Dieu, la domination est donc l'un de Ses traits caractéristiques. S'Il a créé l'homme à son image et à sa ressemblance, cela signifie que l'homme porte en lui la semence suffisante pour exercer l'autorité. Plus loin, Dieu dit à l'homme de dominer sur tout ce qui existe sur la terre. Dans le Psaume 8, David s'interrogeait et disait ne pas comprendre pourquoi Dieu mit autant de soins et de précision à créer l'homme, pourquoi il prit autant garde à lui ? Dieu lui répondit en disant qu'Il a créé l'homme de peu inférieur à lui, qu'il l'a couronné de gloire et de magnificence, qu'il lui a donné le droit de dominer sur tout ce qui se meut sur la terre et qu'Il a tout mis sous ses pieds.

Telles sont les vertus de Dieu entreposées en l'homme depuis le début de la création.

3) L'homme abandonne ses pouvoirs au détriment de lui-même

Au seizième verset du sixième chapitre de sa lettre aux chrétiens de Rome, le bien-aimé apôtre rappelle ce principe universel : « *En nous livrant à quelqu'un comme esclaves pour lui obéir, nous sommes devenus esclaves de celui à qui nous obéissons, soit du péché qui conduit à la mort, soit de l'obéissance qui conduit à la Justice.* » Cette personne à qui nous obéissons nous domine et devient notre autorité en toutes choses.

C'est ce qui explique que c'est Satan qui devient le prince de ce monde et non fait Adam. Par désobéissance à Dieu et obéissance à Satan ou à ses propres convoitises, l'homme se retire de dessous l'égide de Dieu, Lequel était sa seule Autorité, pour se soumettre au serpent, une entité inférieure. Il y a un autre principe encore qui veut que le propriétaire d'un esclave soit devenu le propriétaire de tout ce que possède l'esclave. En d'autres termes, quand on fait l'acquisition d'un esclave, on devient automatiquement propriétaire de tout ce qu'il possède : femme, enfants, biens matériels... De même que l'homme a été assujetti à Satan, en étant devenu son esclave, toute la domination et l'autorité que Dieu lui avait accordées sur la terre furent transférées à ce dernier.

4) L'homme bénéficie d'un plan de rédemption

Dans Luc 1 :67-79, le sacrificateur Zacharie, le père de Jean-Baptiste, sous l'onction du Saint-Esprit, rappela en prophétisant toutes les œuvres que le Messie ferait lors de sa venue. L'une de ces œuvres consistait à délivrer l'homme de ses ennemis. Or, satan comme son nom l'indique est notre plus grand adversaire. Pour rendre ce plan effectif et applicable, il a fallu que Jésus satisfasse les exigences du tribunal céleste. Car la Justice de Dieu avait voulu que le salaire du péché soit la mort – Romains 6 :23. Donc, pour pouvoir restaurer l'homme dans sa position d'autorité originelle, Jésus a dû accepter de mourir à sa place et, par Sa mort, Il a dépouillé satan de cette autorité qu'il lui avait astucieusement ravie. C'est cette Vérité que nous montre Colossiens 2 :11-15. Jésus a mis à nouveau à notre disposition l'Autorité et le Pouvoir. Il nous a non seulement donné le pouvoir de marcher sur toute la puissance de satan (Luc 10 : 18-19), mais aussi Il nous a donné accès auprès du Père – Éphésiens 2 :6. Même la vie éternelle est maintenant à notre disposition – Jean 3 :16.

5) La Rédemption disponible s'acquiert par la repentance

Nous sommes qualifiés lorsque nous sommes passés par le processus que Jésus avait indiqué au docteur de la Loi, Nicodème. Nous trouvons cela dans Jean 3. Ce processus qui s'appelle la nouvelle naissance, c'est-à-dire une naissance d'eau et d'esprit implique le processus suivant:

Il nous faut reconnaître que le train de vie de péché que nous menions n'était pas bon; il faisait offense à Dieu et nous reléguait à un niveau inférieur à celui auquel Dieu nous avait destinés.

Nous devons confesser nos péchés à Dieu et obtenir Son pardon, Lui demandant de nous laver par le Sang de Christ qui a coulé à la croix.

Nous devons reconnaître et accepter le sacrifice suprême que le Christ a accompli à la croix quand Son sang a été répandu, quand Il est mort, enterré et ressuscité. Nous devons reconnaître également que, par Son sacrifice, Il nous a substitués, et accepter Son autorité dans nos vies, c'est-à-dire Ses principes qui doivent régir notre vie car il est lui-même notre autorité et nous sommes à ses ordres. Il est notre Seigneur.

Aussitôt que nous faisons cela, nous sommes nés de nouveau, c'est-à-dire nous sommes passés du royaume des ténèbres au Royaume de la Lumière – Colossiens 1 :12-15. Maintenant :
Nous sommes enfants de Dieu – **Jean 1 :12**,
Nous sommes héritiers de Dieu. Cela veut dire que nous avons droit, comme Jésus, à tout ce que Dieu possède – **Romains 8 :16,17**,
Nous avons la vie éternelle – **Jean 6 :47**.

6) Ne laissez rien vous culpabiliser de nouveau

Dans Romains 5 : 1, Paul donne cet enseignement : « **Étant donc justifiés par la foi, nous avons la paix avec Dieu par notre Seigneur Jésus-Christ** ». Cela veut dire que Dieu et nous, ne sommes plus ennemis. Éphésiens 2 dit que nous sommes réconciliés grâce à notre Seigneur Jésus-Christ. La justification est une loi promulguée par Dieu selon laquelle Il absout le coupable en le déclarant sans péché et juste. Voilà une vérité que le chrétien se doit de serrer au plus profond de son cœur de sorte que personne ne la lui enlève. Si vous perdez cette conviction, vous aurez beaucoup de mal à approcher Dieu par la prière.

7) Reconnaissez et bénissez votre filiation avec Dieu

L'épître aux Romains 8 nous donne l'acte de naissance qui légitime notre filiation avec Dieu. En ce passage, Paul dit : « *Et vous n'avez point reçu un esprit de servitude pour être encore dans la crainte; mais vous avez reçu un Esprit d'adoption, par lequel nous crions : Abba! Père! L'Esprit Lui-même rend témoignage à notre esprit que nous sommes enfants de Dieu* ». (Versets 15 et 16)

Lorsque nous étions sous l'autorité de Satan, il nous traitait comme ses esclaves, mais quand nous sommes revenus à Dieu, Il a enlevé l'esprit de servitude et nous a donné l'esprit d'adoption qui nous donne l'habilité à opérer dans le Royaume en qualité de fils et non comme esclaves. C'est ce qui fait que Christ dit dans l'évangile de Jean 15 :15 qu'Il ne nous appelle pas serviteurs, car le serviteur ignore ce que fait son maître, mais Il nous appelle amis. Le fait de reconnaître nos droits d'être fils de Dieu nous aide à nous approcher de Dieu avec assurance dans un sentiment de parenté. Nous devons reconnaître nos droits en Jésus-Christ afin de jouir légalement des bénéfices qui en découlent.

8) Notre nouvel acte de naissance nous garantit un héritage en Dieu.

Ils sont nombreux les enfants de Dieu qui sont frappés par toutes sortes de calamités pendant que les enfants du dehors tirent tranquillement profit de leurs biens. Ils dorment dans leurs belles maisons, conduisent leurs jolies voitures. Satan, leur père, les maintient dans un état de culpabilité, détruit leurs familles, rend les parents dépendants de l'eau-de-vie, de la drogue et de l'adultère, entraîne les enfants dans la prostitution et va jusqu'à tuer ceux qui l'aiment. Les « *enfants de Dieu* » ne font qu'assister à leur propre ruine. Il y en a qui en font même une doctrine : Dieu a donné, Dieu a ôté. Pourtant la Bible enseigne dans Romains 11 :29 que Dieu ne se repent pas de Ses dons. Nous devons comprendre que si nous ne connaissons et n'acceptons pas nos droits en tant qu'enfants de Dieu, ce n'est pas à Satan de nous les faire connaître. Au contraire, notre ignorance lui profite, il n'a aucun intérêt que nous soyons parvenus à la connaissance de la Vérité, cela risque de nuire à ses petits manèges. Il est donc de notre responsabilité en tant qu'enfants de Dieu de prendre connaissance de notre patrimoine en Dieu, notre Père : « *Or, si nous sommes enfants, nous sommes aussi héritiers : héritiers de Dieu, et cohéritiers de Christ.* » (**Romains 8 : 17**)

9) Brisez le joug de la servitude par la connaissance.

Au dix-neuvième verset du chapitre huit de sa lettre aux Romains, Paul dit que toute la création attend avec un ardent désir la révélation des fils de Dieu. Si la création languit après cette révélation qui tarde à venir, il s'ensuit que les fils de Dieu demeurent encore dans l'ignorance des Vérités de Dieu. En effet, Dieu Lui-même dit que Son peuple est détruit parce qu'il lui manque la connaissance. (Osée 4, 6). L'ignorance consiste à ne pas reconnaître les clauses du testament que Dieu nous lègue par le sacrifice de son fils, notre frère aîné, Jésus-Christ. Dieu est profondément attristé et fâché quand Il considère les multiples bénédictions qu'Il a mises à notre disposition alors que nous vivons dans des conditions abjectes tant sur le plan spirituel que matériel. Le testament ne dit-il pas que les projets que Dieu a formés sont pour nous des projets de paix et non de malheur – Jérémie 29 :11. C'est bien malheureux qu'il y ait des chrétiens qui se croisent les bras et laissent toutes sortes de malheurs s'abattre sur eux.

Maître, enseigne-nous à prier!

Lorsque nous étudions le testament, c'est-à-dire la Bible, nous connaîtrons quels sont nos droits en tant qu'enfants de Dieu et nous saurons alors ce qu'il faut que nous acceptions et ce que nous devons rejeter.

10) Défaites vos doutes par la connaissance de la Vérité de Dieu

Le doute est un poison violent capable de détruire notre relation avec Dieu. Saviez-vous que la génération du peuple d'Israël qui était sortie d'Égypte, estimée à plus de 3 millions de personnes selon certains historiens bibliques, avait péri dans le désert à cause du doute? Ils n'entrèrent pas dans le pays de Canaan, à l'exception de Caleb et Josué. Le péché du doute les avait portés à refuser de prendre Dieu au mot et à remettre ses Paroles en question.

Le doute est un péché très grave aux yeux de Dieu, car il remet en question l'essence même de la Divinité savoir son immuabilité. Dieu déteste ce péché et Il ne tolère pas ceux qui doutent de ses promesses. Quand nous doutons, nous disons à Dieu qu'il n'est pas fidèle. Or, s'Il n'est plus fidèle, c'est qu'il a changé. La Bible dit : « *Si nous sommes infidèles, Lui demeure fidèle – 2 Timothée 2 :13, car la fidélité est Sa nature. En dehors de Sa fidélité, Dieu perd toute l'essence de Sa Divinité.*»

Avant même que nous nous approchions de Dieu par la prière, nous devons chercher dans les coins et recoins des lits, derrière les armoires, tous les déchets du doute et nous en débarrasser en les jetant le plus loin possible, car le doute empoisonne nos prières. Si nous doutons après avoir prié, cette prière est annulée automatiquement. Le doute a le pouvoir de lier les mains et les pieds de Dieu, L'empêchant d'agir dans nos vies. Romains 4 :11,20 nous montre quelle fut l'attitude d'Abraham en dépit de sa vieillesse : Jamais il ne douta de la promesse que Dieu lui avait faite.

11) Occupez-vous de votre attitude avant de vous présenter devant Dieu.

La Bible dit dans Hébreux 4 :16 : Approchons-nous donc avec assurance du trône de la grâce, afin d'obtenir miséricorde et de trouver grâce pour être secourus dans nos besoins. C'est pour cela que Dieu, lors de notre conversion en Christ, a enlevé notre mentalité d'esclave pour que nous puissions L'approcher comme Ses véritables enfants. Nous voyons souvent des gens approcher Dieu dans une attitude qui témoigne une fausse humilité : ils ont le visage défait ou ils tiennent des propos insensés sur eux-mêmes. Ce faisant, ils pensent pouvoir faire marcher Dieu.

Dieu n'est pas un manipulateur et ne pourra non plus être manipulé. Il en résulte qu'au lieu de porter Dieu à nous entendre et nous exaucer, une telle attitude ne peut que nous éloigner de Lui. Dans la connaissance de notre filiation et de notre droit d'héritage en Dieu par Jésus-Christ, nous comprendrons qu'il y a une façon convenable d'approcher notre Père. Ce n'est pas de l'arrogance ni de propos déplacés qu'il s'agit. Mais d'une relation intime dans l'assurance et la conviction dignes de ceux qui croient que leur légitimité leur garantit toute réponse favorable auprès de leur Père.

Prenons l'exemple de Jésus quand Il pria devant le tombeau de Lazare. Cette prière montre combien Jésus croyait en Sa relation avec le Père. On aurait dit que ressusciter un mort, si toutefois c'était possible, demanderait une énorme concentration. Mais ce n'est pas ce que Jésus nous avait laissé croire. C'est avec raison qu'il a dit: « Père, pour moi, je savais que tu m'exauces toujours... » (Jean 11 :42). Il est très important de savoir qu'étant enfants, nous avons droit d'être toujours exaucés. C'est avec ce sentiment et cette conviction que nous devons toujours nous approcher de notre Père.

12) Étant enfants, vous devez obéissance à votre Père céleste

Jésus dit dans Jean 15 :7 : « *Si vous demeurez en moi, et que mes paroles demeurent en vous, demandez ce que vous voudrez, et cela vous sera accordé.* » Notre première démarche, dans l'obéissance de Dieu, consiste à connaître les enseignements de Jésus. Les chapitres 5 et 6 de l'évangile selon Matthieu nous montrent que le niveau moral de Christ était plus élevé que celui de la société de Son époque et de la société de nos jours. Jésus nous demande de mener une vie qui soit différente de celle du reste de la société. Ensuite, il faut que les principes de Christ soient vraiment en vigueur dans nos vies et nous devons veiller à ce qu'aucun péché n'empêche Dieu de nous entendre. Lorsque nous avons la pratique d'obéir à la Parole de Christ, et Dieu s'empressera aussi de nous obéir.

13) Ne vous rebellez pas contre l'autorité

Romains 13 :1 nous montre que c'est Dieu qui a établi le principe de l'autorité. Quand nous résistons à ceux qui sont en position d'autorité, c'est à Dieu même que nous résistons. Dans Nombres 16, nous voyons les Lévites, les fils de Koré et plusieurs autres personnes se révolter contre l'autorité de Moïse. Celui-ci les convoqua devant l'Éternel afin de trancher cette question. Au moment où ces gens devaient présenter l'offrande de leurs prières, Dieu ne leur prêta même pas attention. Un feu violent et dévastateur sortit de l'autel et les consuma tous. Ils moururent sur-le-champ. Dieu ne plaisante pas avec ceux qui ne respectent pas l'autorité. Il ne veut même pas que nous murmurions contre elle, même quand elle commet des actions répréhensibles. Même quand elle commencerait à dérailler, nous devons la respecter et afficher une bonne attitude envers elle (1 Samuel 1-3).

Prenons l'exemple de David. – L'aversion de Saül envers David était telle qu'il cherchait à le faire périr. Bien que David trouvât deux belles occasions de tuer Saül, il n'eut jamais l'intention de se venger de lui, par respect pour l'autorité. Pourquoi? Parce que Saül avait été choisi par Dieu pour diriger le peuple. Le comportement de David nous enseigne que quand Dieu met quelqu'un en position d'autorité, Lui seul est en droit de l'en déposséder. C'est ainsi que lorsque Absalom se révolta contre David, qui fut son père et son roi, Dieu prit sa défense et Absalom mourut comme un chien. Si nous manquons de respect à l'autorité, que ce soit ouvertement ou secrètement, non seulement Dieu n'entendra pas nos prières, mais nous marcherons sur la voie de la malédiction.

Quand nous parlons d'autorité, nous nous référons à toutes les autorités sans exception : les autorités familiales, c'est-à-dire nos parents; les autorités ecclésiales : les pasteurs, les diacres et les leaders; les autorités académiques : les professeurs, le personnel de la direction; les autorités dans le travail; tel que les superviseurs, les patrons; et les autorités gouvernementales. La Bible ne nous autorise à dire d'elles que du bien et à prier pour qu'elles deviennent plus sages et plus fortes. Ce que nous déclarons dans leur vie, c'est bien ce qui leur arrive. Si nous médisons d'elles, elles deviendront pires.

Si nous voulons avoir autorité dans la prière, nous devons marcher dans le respect et la soumission aux autorités. Jésus nous a donné le plus bel exemple de soumission à l'autorité quand Il était sur la terre. Voilà pourquoi aucun démon ne pouvait Lui tenir tête.

14) Vous avez autorité au nom de Jésus. (Philippiens 2 :9-11)

Jésus est le Nom qui est élevé au-dessus de tout autre qui peut se nommer tant sur la terre que dans le ciel. Aucun autre nom n'a plus d'autorité que celui de Jésus. Cependant, pour que l'autorité et le pouvoir qui résident dans ce nom puissent nous être utiles, ce nom doit faire d'abord autorité dans notre vie. Quand ce nom détient l'autorité de gouverner notre vie, c'est à ce moment que nous sommes en droit de l'utiliser et mettre le diable, ses suppôts et toutes les situations de trouble hors d'état de nuire. Car en ce nom, tout ce qui existe dans l'univers doit se soumettre.

La Bible déclare que la domination et la souveraineté reposent sur les épaules de Jésus (Esaïe 9 : 5). Cette souveraineté est illimitée. Jésus est le seul nom grâce auquel nous avons le droit de nous approcher de

Dieu et Lui demander tout ce dont nous avons besoin. C'est en ce Nom que nous sommes autorisés à chasser satan et ses démons et à les tenir à distance. La Bible n'enseigne pas que nous devons prier Dieu et Lui demander de chasser un démon. Ni Jésus ni les Apôtres ne l'ont fait. La Bible dit que nous chasserons les démons et leur ordonnerons de sortir au Nom de Jésus – Marc 16 :17,18. Nous ne devons pas prier avec ceux qui sont possédés; nous ne devons que leur ordonner de sortir au Nom de Jésus!

15) Vous avez autorité par le sang de Jésus. (1 Jean 1 :7)

À la vue de Jésus qui venait à lui afin de se faire baptiser dans le Jourdain, Jean Baptiste s'écria : « Voici l'agneau de Dieu qui ôte le péché du monde ». Dans Matthieu 26 :27, 28, Jésus dit à ses disciples que le vin symbolisait son sang qui allait être répandu pour la rémission des péchés de l'humanité entière. Donc, le remède de tout péché, ce poison qui détruit l'humanité, est le Sang de Jésus. Tous ceux qui sont tourmentés sous l'emprise du péché et tous les croyants dont le vêtement de sainteté de Christ est entaché de péché peuvent invoquer le sang pour que la tache du péché soit effacée.

16) Vous avez autorité par les souffrances de Jésus-Christ. (Ésaïe 53 :5; I Pierre 2 :24)

Un autre plan manigancé par Satan en vue de nous détruire est la maladie. En lisant dans les Évangiles, nous voyons les nombreuses souffrances que Jésus a dû endurer dans sa chair : Il a été flagellé, son corps a été meurtri sous les coups. Toutes ces souffrances avaient pour but de payer pour notre guérison. C'est ce qui fait que maintenant, dans le nom de Jésus, à cause de toutes ces douleurs, nous pouvons imposer les mains à ceux qui sont malades et ordonner que la maladie s'en aille immédiatement et que la guérison devienne aussitôt effective.

17) Vivez dans la sainteté

Il est dit dans le livre des Proverbes que La prière du méchant est une abomination aux yeux de Dieu (Proverbes 28 :9). Pour être efficace dans la prière, la plus grande responsabilité que nous avons envers nous-mêmes est de vivre dans la sainteté. Spirituellement parlant, Satan n'a peur de personne qui porte un masque de *mardi gras*,* qu'il soit bien ou mal masqué. Quand les œuvres du diable sont dans notre vie, nous n'avons aucune autorité sur lui. L'une des raisons qui expliquent l'efficacité de Jésus dans la prière est qu'aucune des œuvres du diable n'était dans Sa vie. Il a dit : « *Le prince du monde vient. Il n'a rien en moi* ». Jean 14 :30. Bien que Jésus ait été tenté en toutes choses, mais il n'a jamais péché. Il a vécu toute sa vie sous la dépendance du Père, en toutes choses. C'est pourquoi quand Il parlait, même les phénomènes naturels lui obéissaient.

Nous ne pouvons prier au Nom de Jésus-Christ si nous nous refusons à vivre la même vie de sainteté qu'il vivait sur la terre. Nous devons savoir que la puissance de Dieu réside dans la sainteté. Plus nous menons une vie sainte, plus l'onction et la puissance de Dieu viendront dans notre vie et plus nous pourrons être victorieux par la prière. Les fils de Scéva ne remplirent aucune des conditions que nous avons décrites dans ce chapitre – Actes 19 :13-20. Ils se présentèrent à ceux qui étaient possédés et dirent aux démons : « *Je vous conjure par Jésus que Paul prêche* »! Et les démons leur répondirent : « *Je connais Jésus et je sais qui est Paul; mais vous, qui êtes-vous* »?

Bien-aimés, ne nous trompons pas nous-mêmes en pensant que nous ne pouvons... D'ailleurs, Satan sait à qui il doit obéir. Le passage nous dit que les démons avilirent les jeunes gens et les déshabillèrent littéralement. C'est comme si les démons leur avaient dit : « *Nous ne reconnaissons pas votre autorité, vous n'avez rien de Jésus en vous, de quel droit utilisez-vous ce nom* »? Souvent les démons ou les situations ne nous avilissent pas ou ne nous déshabillent pas littéralement à l'exemple de ces jeunes, mais c'est au fond la même expérience. Quand le démon n'obéit pas à l'ordre que vous lui intimez, que la maladie persiste, que les situations continuent de s'aggraver, c'est qu'ils sont en train de vous dire ne vous avoir reconnu aucune autorité sur eux.

Maître, enseigne-nous à prier!

Considérons un pasteur qui médit d'autres pasteurs. Quelle autorité spirituelle a-t-il pour prier contre le démon de la médisance dans son assemblée? Ou un pasteur qui vit dans l'adultère. Quelle autorité aura-t-il sur le démon de la fornication ou de l'adultère qui détruit la vie des jeunes de son église? Au contraire, il est la porte par laquelle ces mauvais esprits accèdent à son église. Il n'a donc aucune provision spirituelle légale à utiliser contre ces démons.

De la même manière, si nous, en tant que serviteurs de Dieu, ne sommes pas honnêtes et intègres, et que nous ne respectons pas les finances de l'église, quelle autorité spirituelle avons-nous pour prier contre les dirigeants corrompus des fonds publics de ce pays? Il va de soi, quand l'église se réunit pour jeûner et prier contre les mauvaises choses qui surviennent dans la société, que les démons s'en moquent. Pourquoi? Parce que ce que dénoncent les chrétiens se trouve confortablement enfoui dans leur propre vie.

Chapitre IV

La foi

1) La foi est l'élément fondamental de la prière

La foi est le premier élément de la prière. La Bible entière nous montre que les prières qui sont exaucées correspondent à la foi. Tous ceux qui ont pu obtenir un miracle et qui font l'expérience d'une délivrance ou de la liberté, y sont parvenus grâce à leur foi. Cela nous fait donc comprendre que la foi est l'un des outils qui doit toujours accompagner nos prières. La Bible définit la foi comme une ferme assurance d'une chose qu'on espère et une démonstration de cette chose comme si elle avait déjà pris corps. (Hébreux 11 : 1) Nous pouvons donc déduire que la foi, c'est la confiance en action.

2) La prière va de pair avec la foi

La foi est d'autant plus importante que la prière, car c'est à la Foi que Dieu va répondre et non aux mots de la prière. Nous pouvons dire que les belles liturgies n'impressionnent pas Dieu, seule la foi a cette capacité. Matthieu 15 : 28 nous montre que Jésus fut impressionné par la foi de la femme cananéenne. La version Thompson de la Bible ajoute une exclamation à la déclaration de Jésus à cette femme : « *Ô femme, ta foi est grande!* »

La foi se fonde sur une confiance mutuelle : nous croyons en les promesses de Dieu et lui-même croit en notre engagement à lui faire confiance. Il est d'autant plus important de comprendre que les nombreux versets cités dans nos prières ne constituent aucune garantie que Dieu va nous exaucer. C'est la confiance que nous plaçons dans le Dieu de la promesse qui va nous permettre d'obtenir les résultats. Les promesses de Dieu sont certaines et véritables, c'est-à-dire qu'elles n'ont aucune faille.

Cela nous montre que les bénédictions sont déjà mises à notre disposition. La foi est tout ce dont nous avons besoin pour puiser dans ces ressources.

3) La foi a toujours besoin d'une semence pour croître

Si la foi est la confiance en action, les miracles de Dieu dans notre vie vont s'accomplir proportionnellement à la préparation que nous aurons faite pour eux. Nous pouvons considérer l'exemple de la femme du prophète qui était allée auprès du prophète Élisée l'informer de la dette laissée par son mari défunt. Élisée lui demanda ce qu'elle avait comme semence. C'est un principe très important. Notre foi aura toujours besoin d'une semence pour croître. S'il n'y a pas de semence, il n'y aura pas non plus de croissance, de mûrissement et de récolte. La femme répondit qu'elle n'avait qu'un vase d'huile. Le prophète lui dit d'aller chercher des vases vides de toutes les dimensions, autant qu'elle pouvait trouver. Le prophète n'avait pas fixé la quantité pour éviter que cette femme soit limitée dans ses pensées. Si la femme avait pu trouver tous les vases du pays, et même si elle avait creusé un grand réservoir au milieu de sa maison, ce n'aurait pas été le problème de Dieu. La Bible dit Lorsqu'il n'y avait plus de vases, l'huile s'arrêta. Car, les miracles que nous allons expérimenter dans notre vie sera toujours à la dimension de notre Foi en Dieu. (2 Rois 4 : 1-7)

4) La limite de la foi est la limite de la vision

Nous regardons toujours à la limite de notre foi. La limite de sa foi, c'est la limite de sa vision. Nous allons le prouver par l'exemple de deux missions évangéliques dans le pays. L'histoire de l'Église Protestante en Haïti rapporte qu'il y a deux missions qui avaient la possibilité, au tout début de leur ministère dans le pays, de posséder plusieurs carreaux de terre, car la zone où elles s'étaient établies était entièrement déserte, il n'y avait aucune autre maison ou institution. Qui plus est, le gouvernement d'alors leur avait offert toute la région qui était évaluée en plusieurs carreaux de terre. Ces pasteurs, ne voyaient pas grand, dirent au gouvernement qu'ils n'avaient pas besoin de tout cela. Quelques décennies plus tard, ces églises eurent un problème d'espace. Si la foi des anciens pasteurs leur avait permis d'avoir une plus grande vision, leurs églises n'auraient pas de problème d'espace aujourd'hui, car elles ont besoin de s'agrandir, d'aménager des parkings, d'entreprendre des activités sociales, entre autres.

5) Quel est le fondement de la foi ?

La confiance est le résultat de la connaissance. Pour faire confiance à une personne ou à une chose, on doit avoir des connaissances exactes sur cette personne ou cette chose. L'étendue de la connaissance détermine l'étendue de la foi. Il en est de même de notre foi en Dieu. La mesure de notre connaissance sur Dieu déterminera la mesure de notre confiance en Lui.

Romains 10 :17 dit que notre foi vient de ce que nous entendons, nous pouvons ajouter de ce que nous lisons aussi. Ce principe est universel : votre foi se fondera sur tout ce que vous entendrez continuellement. C'est juste une question de temps pour voir le résultat de cette vérité. Si vous ne voulez pas que votre foi s'enracine dans une mauvaise chose, la solution est simple, c'est d'abandonner l'environnement inapproprié pour la planter en un climat capable de la faire fructifier. C'est la raison pour laquelle le verset dit que notre foi vient de ce que nous entendons; mais elle ne s'arrête pas là. Il dit que ce que nous entendons doit venir de la Parole de Dieu. Si nous n'entretenons pas une relation étroite avec Dieu, nous n'aurons jamais foi en lui.

6) Ce qu'en dit la Bible

Si nous continuons à agir dans l'ignorance des promesses de Dieu, comment allons-nous discerner les bonnes décisions à prendre? Nous pouvons accélérer le mécanisme de la foi tandis que nous devrions le stopper ou nous le stoppons alors que nous aurions dû l'actionner continuellement.

Deutéronome 11 :18-25

Dieu demande au peuple d'Israël de mettre tous les commandements sous leurs yeux afin qu'il les voie toujours, les lise, les répète et les apprenne par cœur. La Parole ne doit pas être fermée dans un livre, cachée dans une valise ou déposée dans un coin comme d'habitude. Non, elle doit être visible, pour que nos yeux soient constamment en contact avec elle. Pourquoi? Parce que la mise en application de la Parole exige que nous la connaissions. Dieu dit au peuple au verset 21 que c'est la mise en application de la Parole dans leur vie qui garantira leur existence et leur pérennité dans le pays.

Josué 1 :8

L'Éternel Dieu dit à Josué de ne jamais éloigner ce livre de la Loi de ses yeux et de sa bouche, de le méditer jour et nuit afin d'agir fidèlement selon tout ce qui y est écrit; c'est alors qu'il aura du succès dans toutes ses entreprises. D'après ce passage, la confiance et l'obéissance vont de pair. Nous pouvons prier la Parole, c'est-à-dire nous servir des idées de la Bible dans nos prières. Selon la Bible, il y a tout un éventail de qualités dont nous avons besoin dans notre vie. L'amour réciproque, la sainteté, le fruit de l'Esprit en sont des exemples. Nous devons déraciner les œuvres de la chair dans notre vie pour pouvoir jouir d'une bonne santé, prospérer matériellement, pour que nos enfants reçoivent une bonne éducation et respectent leurs parents, pour que maris et femmes vivent en parfaite harmonie conjugale, pour que les parents ne maltraitent pas les enfants. Tout cela est déjà écrit dans la Parole.

Voici un principe général qui nous aidera à connaître la volonté de Dieu. Le premier moyen est la Parole. 2 Pierre 3 :9 dit que Dieu veut que tous les hommes soient sauvés, c'est-à-dire qu'ils abandonnent leurs péchés et viennent à Lui. Notre rôle en tant que chrétiens est de prier pour que tous les pécheurs se repentent. En priant pour le salut des gens, nous n'avons pas besoin de demander à Dieu si c'est Sa volonté. Tout ce qui est mal vient du diable. Dieu ne tente jamais personne par le mal – Jacques 1 :5. Quand nous voyons de mauvaises choses dans notre vie, dans notre famille, dans notre église et dans notre pays, nous savons déjà selon les Écritures que, cela est l'œuvre du diable.

Notre devoir en tant que citoyens du Royaume est de retrousser nos manches et de nous battre contre le diable par la prière.

Le deuxième moyen de connaître la volonté de Dieu est de lui demander de nous éclairer au sujet d'une situation qui n'est pas suffisamment commentée ou qui n'est pas du tout référée dans la Bible. La meilleure chose que nous puissions faire est d'aller chercher à connaître la volonté de Dieu avant de prier sur le sujet en question et de chercher conseil auprès de ceux qui ont de l'expérience dans le domaine. Une meilleure façon de connaître la volonté de Dieu est de passer du temps dans Sa présence. De même que deux personnes qui sont intimement liées et qui entretiennent une parfaite communication, peuvent arriver à se connaître et se partager les pensées, nous pouvons aussi arriver à connaître la volonté de Dieu lorsque nous passons du temps dans Sa présence. Quand nous connaissons la volonté de Dieu, nous pouvons prier avec Foi et persévérer quand la réponse tarde à venir, car nous savons déjà que ce que nous demandons est selon Sa volonté.

7) Ce que la foi n'est pas

a) La foi n'est pas uniquement une déclaration

Nous entendons parfois certains chrétiens parler ainsi : «Il suffit de déclarer tout ce dont on a besoin, et cela s'accomplira.» Il est vrai que la déclaration joue un rôle important dans le domaine de la foi, mais elle n'est pas tout. La confession de notre bouche en effet doit correspondre à l'objet de notre Foi et à nos prières. Mais la foi ne se confine pas à la confession. Si ce que nous déclarons ne s'accorde pas avec la Parole de Dieu, il ne s'accomplira pas, disons de préférence que Dieu ne l'accomplira pas. Il faut que cette déclaration traduise une conviction, elle ne doit pas être une simple confession de la bouche. Tout notre esprit, toute notre pensée et tout notre être doivent croire ce que nous déclarons et nos actions doivent s'accorder avec notre confession.

b) La foi n'est pas la présomption

La présomption est une conjecture, une supposition. C'est une opinion reposant sur de simples probabilités. La présomption n'a rien à voir avec la foi. C'est une assertion qui peut sembler avoir une ressemblance avec la foi, mais n'en a véritablement rien de commun. Toute la différence réside dans le résultat, car la présomption ne peut produire que des sordides déboires. Seule la foi pousse Dieu à l'action. Les apparences, la religion, les émotions ne peuvent jamais émouvoir Dieu. La foi n'a pas besoin de se glorifier, ses œuvres parlent d'elles-mêmes; ce que la présomption n'arrivera jamais à faire. Toute « foi » qui prétend avoir son fondement en dehors de la Parole de Dieu ne peut qu'être de la présomption.

c) La foi n'est pas seulement de l'optimisme (pensée positive)

Quelqu'un qui a la foi est certainement quelqu'un d'optimiste. Mais la Foi n'est pas que de l'optimisme. L'optimisme est un courant philosophique qui veut que l'on voie toujours les choses du bon côté. Alors, on peut dire que cette personne voit du bon ou du bien partout. Nous trouvons également toutes ces attitudes dans la foi.

La différence est que l'optimisme est une philosophie, c'est-à-dire l'idée de l'homme, car quand quelqu'un est optimiste, cela ne veut pas dire que tout ce qui fait partie de la vie sera positif pour lui. Mais la foi n'est pas les logiques ni les raisonnements d'un homme. Elle est l'essence du principe Créateur. Par elle toutes choses parviennent à l'existence. La foi est l'affaire de Dieu. La foi tire son origine de Dieu. C'est ce qui explique que ses résultats sont toujours différents et aussi spectaculaires. Car le Dieu de la Parole est Maître de tout ce qui existe, son pouvoir s'étend sur le temps et les circonstances. Voilà pourquoi la foi est de loin supérieure à la philosophie de la pensée positive.

8) Qu'est-ce que la foi ?

a) Selon l'épître aux Hébreux (11 :1)

Ce verset nous offre la définition la plus classique et la plus probante de la Foi. Elle est une ferme assurance que nous avons d'une chose qu'on espère et une attitude que nous manifestons comme si cette chose était déjà accomplie. Considérons le patriarche Jacob. C'est à l'article de la mort dans le pays d'Égypte qu'il appela tous ses enfants et partagea tout le pays entre eux. Il le fit uniquement sur la base d'une promesse que Dieu leur avait faite, à lui et à ses pères. Cet acte de foi de Jacob s'accomplit cinq siècles plus tard.

b) La foi, c'est accepter les promesses de Dieu pour certaines

La foi demande souvent que nous mettons de côté notre sagesse, notre logique et nos expériences en vue de suivre les consignes de Dieu. Tout le monde est d'accord que Pierre était un pêcheur très expérimenté. Si cet homme alla pêcher dans un endroit et ne trouva rien, on peut être certain qu'il n'y eut certainement pas de poisson dans cette zone. L'histoire rapporte que Pierre passa toute la nuit sur la mer sans rien prendre (Luc 5). Le lendemain matin, après avoir lavé son filet et s'être disposé à rentrer chez lui, Jésus vint et lui emprunta sa barque afin de s'adresser à la foule. Quand il eut fini de prêcher, Jésus dit à Pierre d'avancer la barque en pleine eau et de jeter son filet du côté droit. Et Pierre répondit : « *Maître, nous avons travaillé toute la nuit sans rien prendre; mais, sur ta parole, je jetterai le filet.* » La foi de Pierre dans la Parole du Seigneur le fit mettre de côté toutes ses expériences pour obéir aux consignes que Jésus lui avait données. La fin du récit nous dit qu'après que Pierre eut jeté le filet, celui-ci se rompait tant il était rempli de poissons; même la barque de Pierre fut trop petite, il fut donc obligé de se faire aider par d'autres barques.

c) La foi, c'est s'aventurer avec Dieu

Nous considérons généralement la prudence comme une bonne qualité et l'imprudence comme un défaut. Dans certains cas, la foi nous fait passer pour des imprudents, des gens irraisonnables. Considérons Abraham. Il vivait chez lui sans difficulté, entouré de toute sa famille et des gens qui l'aimaient. Un Dieu vint soudain lui dire de faire ses valises et de s'en aller loin de son domicile dans un pays qu'il lui montrerait. Abraham s'en alla sans poser de questions et sans savoir quelle était sa destination. Aujourd'hui, la Bible présente Abraham comme le plus grand modèle de foi qui ait vécu.

d) La foi, c'est mettre Dieu en priorité première

Le « *soi ou ego* » est inhérent à la nature humaine. L'homme tend à se satisfaire et s'être rassasié avant toutes choses. Quand l'occasion se présente, rien ne peut l'empêcher d'en profiter. Quand quelqu'un opère réellement dans la foi, cela peut exiger de lui le sacrifice de certaines choses qui lui sont très importantes, simplement dans le but de plaire à Dieu. Citons un autre exemple de la vie d'Abraham. Isaac était l'enfant de la promesse que Dieu avait faite à Abraham. Un jour, Dieu demanda à Abraham de lui offrir cet enfant en sacrifice, de la même manière qu'il avait l'habitude de lui offrir des agneaux. Sans hésitation ni complainte, Abraham se leva et prit l'enfant pour aller exécuter l'ordre de Dieu. Couteau à la main, il s'apprêtait à égorger son fils quand Dieu intervint pour l'en empêcher. Hébreux 11 :19 souligne que c'est parce qu'il croyait que Dieu avait le pouvoir de ressusciter Isaac, même après qu'il aurait été égorgé et consumé comme une offrande à Dieu. Voilà pourquoi il accepta de poser ce grand acte de Foi. C'est une foi à nulle autre pareille.

e) La foi est une semence

La Foi est un don que Dieu accorde à chaque croyant, et nous avons tous reçu ce don comme une semence. La Parole de Dieu dit dans Romains 12 :3 que Dieu a donné à chacun une mesure de foi. Il va de soi que Dieu nous a donné la foi sous forme d'une semence, mais Il ne veut pas qu'elle demeure ainsi. Il n'incombe pas à Dieu la responsabilité de développer la foi de personne. Il est de la responsabilité de chacun d'entendre, d'étudier et de pratiquer la Parole de Dieu pour que sa foi en Dieu puisse grandir et se développer.

9) Priez avec puissance

Dans son livre « **Quand les Églises prient** », le Dr. Peter Wagner avance : «*L'une des raisons pour lesquelles nous avons tendance à manquer de foi dans nos prières, c'est que nous ne réalisons pas pleinement toute la puissance que nous avons quand nous venons au Père au nom de Jésus. Une règle de la prière qu'il nous faut saisir, c'est qu'il nous appartient d'utiliser la puissance qui nous a été déjà accordée.* »

Ce qui fait la différence entre une prière faite à la va-comme-je-te-pousse et une prière pleine de puissance est le Saint-Esprit. Nous pouvons voir que le Saint-Esprit est Lui-même la source de la Puissance de Jésus; ce qui L'a rendu capable d'accomplir tous ces miracles.

Dans Matthieu 12 :28, quand les gens s'interrogeaient sur l'origine du pouvoir par lequel Il accomplissait toutes ces choses, Jésus leur répondit clairement que c'est le Saint-Esprit qui Lui avait donné ce pouvoir.

Luc 4 :1 nous montre que Jésus était rempli du Saint-Esprit immédiatement après Son baptême. C'est ce qui Lui a donné la force de lutter contre le diable au moment de la tentation.

Luc 4 :14-18 nous montre que Jésus avait œuvré dans son ministère sous l'onction du Saint-Esprit, non avec Sa propre force.

L'évangile de Jean 14 : 10 et les Actes des Apôtres 2 :22 nous disent que c'est Dieu Lui-même qui opérait par Jésus quand Il faisait tous ces miracles.

Les Actes des Apôtres 10 :38 nous montre que c'est Dieu qui avait oint Jésus du Saint-Esprit et de force pour qu'Il accomplisse tous ces miracles.

Dans Jean 14 :12, Jésus promit à Ses disciples cette même Puissance pour qu'ils puissent œuvrer sur la terre comme Il a lui-même œuvré.

Dans Jean 16 :7, Jésus dit à ses disciples : « *Il vous est avantageux que je m'en aille, car si je ne m'en vais pas, vous ne recevrez pas le Saint-Esprit qui vous habilitera à œuvrer avec puissance.* »

Dans Actes 1 :8, avant son ascension au ciel, Jésus dit à Ses disciples qu'ils recevraient une puissance lorsque le Saint-Esprit surviendrait sur eux et qu'ils témoigneraient en Son nom avec beaucoup de puissance.

Il est vrai que le Saint-Esprit est présent dans la vie de tout croyant, mais la dimension de Sa puissance n'est pas au même niveau dans la vie de tous. **Dans 1 Timothée 4 :14 et 2 Timothée 1 :6**, l'apôtre Paul exhorte Timothée à ranimer et développer le don qu'il a reçu. Tel est le cas immédiatement après notre conversion, le Saint-Esprit vient dans notre vie. Notre responsabilité est de permettre au Saint-Esprit, par une vie d'obéissance, d'avoir un contrôle dans notre vie pour que son influence grandisse et se développe jusqu'à ce qu'Il contrôle toute notre vie. Ainsi pouvons-nous comme chrétiens œuvrer avec puissance.

Quand nous renouvelons la Présence du Saint-Esprit dans notre vie de chaque jour, cela nous aide beaucoup dans notre vie de prière et nous tient éloignés du péché, car l'un des rôles du Saint-Esprit est de nous convaincre en ce qui concerne le – Jean 16 :8. Le Saint-Esprit nous convainc de tout ce qui est la volonté de Dieu pour nous et nous aide à bien prier. Notre foi grandira considérablement, quand nous verrons la façon dont la puissance du Saint-Esprit agira en nous par le moyen de la prière, et il sera alors plus facile d'atteindre les autres.

10) Priez avec persévérance

a) L'exemple de Daniel
Souvent les réponses à nos prières ne viennent pas aussi rapidement que nous le souhaitions. Quand c'est le cas, nous devons continuer à prier. Nous avons vu que Daniel persévéra dans la prière pendant 21 jours jusqu'à ce qu'il obtînt la réponse – Daniel 10 :12,13. C'est un bel

exemple de persévérance dans la prière.

b) L'exemple de la veuve et du juge inique
Dans Luc 18 :1, Jésus nous dit de ne jamais nous relâcher dans la prière. Il donne une parabole qui illustre la puissance de la persévérance. Il y avait un juge inique qui refusait de faire justice à une veuve. Mais celle-ci insistait tellement que le juge fut obligé de lui faire justice pour que sa paix d'esprit ne soit plus perturbée. Si la persévérance peut changer le cœur d'un homme si méchant, à plus forte raison changera-t-il le cœur de Dieu. C'est ainsi que Jésus termina l'histoire.

c) L'exemple d'Abraham
Genèse 18 :32 nous montre comment Abraham pria Dieu avec beaucoup de persévérance et d'insistance pour qu'Il épargne la vie de son neveu Lot qui habitait la ville de Sodome.

d) L'exemple de Jacob
Dans Genèse 32 :27, nous voyons comment Jacob lutta dans la prière. Quand l'ange se rendit compte de l'acharnement du combat, il frappa Jacob à l'emboîture de la hanche. Alors Jacob le saisit à bras-le-corps et dit : « *Je ne te laisserai point aller, que tu ne m'aies béni.* » C'est cela la persévérance.

e) L'exemple du prophète Esaïe
Dans Ésaïe 62 :6,7, le prophète nous dit de ne laisser à Dieu aucune relâche jusqu'à ce qu'Il nous exauce. Quand nous persévérons dans la prière, cela ne veut pas dire que nous exerçons des pressions sur Dieu ; c'est plutôt un signe qui témoigne de beaucoup de foi.

f) L'exemple de Moïse
Après que le peuple eut commis le péché d'idolâtrie, Moïse passa un jour et une nuit dans la prière, demandant à Dieu de pardonner au peuple, car Dieu s'était déjà résolu à exterminer tout le peuple. Finalement, grâce à sa persévérance, Moïse obtint de Dieu le pardon pour le peuple.

g) L'exemple de la femme cananéenne

Dans Matthieu 15 :27, nous voyons que bien que la position religieuse de cette femme l'ait disqualifiée pour recevoir de Jésus la bénédiction dont elle avait besoin, elle l'obtint par sa persévérance. Dans ce contexte, nous pouvons dire que la persévérance est une des définitions de la foi.

h) L'exemple de Jésus

Jésus pria tellement avec persévérance qu'Il sua toute l'eau de Son corps jusqu'à ce qu'Il suât du sang. Luc 22 :44.

i) L'exemple du prophète Élie

Jacques 5 :17 nous dit que le prophète Élie pria avec beaucoup de persévérance. Nous trouvons cette histoire dans 1 Rois 18 :42-44. Il pria pour que la pluie ne tombe pas à six reprises, et elle ne tomba pas. Il pria la septième fois, et elle tomba.

Nous pensons souvent que les grands personnages de la Bible n'avaient qu'à se lever le doigt, et tout ce dont ils avaient besoin se réalisait. Ils étaient parfois obligés de persévérer dans la prière comme ces versets viennent de nous le montrer. Aujourd'hui, nous aussi devons-nous armer de persévérance pour que nos prières soient exaucées.

11) Créez l'image de ce que vous attendez dans votre pensée

Hébreux 11 :1 dit que la foi est une ferme assurance des choses qu'on espère et une démonstration de celles qu'on ne voit pas, c'est-à-dire un comportement, une attitude que nous affichons comme si la chose était déjà entre nos mains. Pour que nous puissions donner cette démonstration, nous devons arriver à créer l'image de ce dont nous avons besoin dans notre pensée. Après avoir présenté un problème à Dieu par la prière, nous ne devons plus nous laisser dominer par ce problème. Nous devons remplacer l'image du problème par celle de la solution. Lorsque nous entretenons cette image dans notre pensée, c'est ce qui va nous faire parler et agir comme si la chose était déjà accomplie.

C'est exactement ainsi que Dieu veut que nous agissions dans notre rapport avec lui en ce qui concerne la prière et l'accomplissement de ses promesses dans notre vie. Nous allons vérifier ces points à travers quelques passages bibliques.

Genèse 15 :1-5

Dans ce passage, nous trouvons un dialogue entre Dieu et Abraham. Cette conversation couvre tout le chapitre. Dieu renouvela Ses promesses à Abraham. Il lui rappela que ses descendants deviendraient une grande nation. Abraham répondit à Dieu sur un ton plaintif et dit : Seigneur, voici, tu ne m'as pas donné de postérité, et celui qui est né dans ma maison, Éliézer de Damas, sera mon héritier. Dieu lui répondit alors : « *Ce n'est pas lui qui sera ton héritier, mais c'est celui qui sortira de tes entrailles qui sera ton héritier.* »

Au verset 5, Dieu l'invita à sortir dehors (car la conversation avait lieu à l'intérieur de la maison) et lui dit : « *Regarde vers le ciel, et compte les étoiles, si tu peux les compter. Et il lui dit : Telle sera ta postérité.* » Donc, nous voyons que Dieu mettait Abraham en situation de se défaire de l'image selon laquelle il n'avait pas d'enfant et de la remplacer par une image qui s'accordait avec les promesses que Dieu lui avait faites. Abraham garda et nourrit cette nouvelle image dans sa pensée; ses paroles et ses actes s'accordèrent alors avec l'image que les promesses de Dieu avaient créée dans son esprit.

Finalement, dans le chapitre 17 :5, Dieu changea son nom (car il s'appelait Abram, ce qui signifie père d'une nation) en celui d'Abraham, ce qui signifie père d'une multitude de nations. Il avait désormais un meilleur moyen de maintenir l'image. Auparavant, il s'évertuait tout seul à la maintenir, mais maintenant à chaque fois que sa femme ou quelqu'un d'autre l'appelait, l'image lui revenait immédiatement à l'esprit car c'était la signification même de son nom. L'image de ce que nous attendons de Dieu doit être bien vivante dans notre esprit.

Maître, enseigne-nous à prier!

Exode 14 :13

Dans ce chapitre, nous voyons qu'immédiatement après sa sortie d'Égypte, le peuple fut confronté à un grand danger. Ils empruntèrent une voie à sens unique et quand ils en atteignirent l'extrémité, ils regardèrent en arrière et virent l'armée du Pharaon à leurs trousses alors que la mer Rouge était devant eux. Le peuple s'affola et ne sut que faire. Ils commencèrent à faire des reproches à Moïse. Au verset 13, Moïse leur parla et dit : « *Ne craignez rien, restez en place, et regardez la délivrance que l'Éternel va vous accorder en ce jour; car les Égyptiens que vous voyez aujourd'hui, vous ne les verrez plus jamais.* » Moïse pouvait parler de la sorte parce que c'est Dieu qui lui avait dit de prendre cette direction avec le peuple. Il ne doutait aucunement de la fidélité de Dieu. C'est pourquoi il n'était pas paniqué par la situation. Il dit au peuple de fixer ses yeux sur la délivrance et non sur le problème.

Lorsque nous avons les yeux fixés sur le problème, notre pensée le nourrira davantage. Ainsi nous donnons l'occasion à la peur et au doute de creuser leur chemin dans notre vie. Quand le doute nous remplit, Dieu ne peut absolument rien faire pour nous. Selon Hébreux 11 :6, nous lui sommes désagréables à ce moment.

Nous devons connaître cette vérité : « *L'image qui domine votre pensée est exactement ce dont vous ferez l'expérience.* » Au plus fort de nos problèmes, nous devons en détourner nos regards et nos pensées et les lever vers les montagnes, là où notre secours vient de l'Éternel (Psaume 121). Quand nous créons l'image de la délivrance dans nos pensées et contemplons la délivrance avant même qu'elle se concrétise, alors nous pouvons même commencer à louer Dieu pour cela. C'est de cette manière que nous pouvons provoquer la délivrance, en l'activant et en l'attirant vers nous. La limite des miracles de Dieu dans notre vie est notre foi.

Josué 6 :2

La Bible dit : « *Nous sommes tels que sont nos pensées.* » (Prov. 23 :7) Si nous pensons échec, nous connaîtrons l'échec dans notre vie. Mais lorsque nous pensons victoire et succès, cette pensée va nous presser de manière à nous conditionner en vue d'expérimenter la victoire et le succès dans notre vie. L'Éternel dit à Josué de ne pas engager le combat avec une mentalité de perdant. Je dois engager le combat avec une mentalité de gagnant, donc je lutterai pour pouvoir confirmer cette victoire que j'ai déjà. C'est comme si on dirait en tant que chrétien je vis une vie sainte non pour être sauvé, mais pour confirmer aux autres que je suis effectivement sauvé.

L'Éternel invita Josué à contempler la défaite du roi de Jéricho et de son armée avant même qu'il n'engageât le combat. On ne croit pas en Dieu après qu'on a fini de prier. On doit croire en Lui avant, pendant et après la prière. Quand nous livrons une bataille contre Satan, nous devons contempler par avance la défaite de l'ennemi car Jésus-Christ l'a déjà vaincu à la croix. Avec Dieu, nous partons toujours vainqueurs au combat. Nous n'avons aucun problème à contempler la victoire, à parler victoire et à louer Dieu pour la victoire avant même que nous engagions le combat. C'est cela la foi!

2 Chroniques 20 :1-23

Dans ce passage, nous trouvons le témoignage éloquent de gens qui louèrent Dieu avant que la délivrance n'arrivât. Dieu ne donna à Josaphat qu'une prophétie sur laquelle il agit comme si tout était déjà accompli. La prophétie que Dieu envoya au roi créa une forte image extraordinaire dans sa pensée, laquelle changea radicalement son comportement. Le troisième nous montre que c'est la peur qui conduisit le roi à la prière. Dès que la prophétie eut été donnée, la peur s'envola. C'est cela la foi : c'est prendre Dieu au mot. La prière étant terminée, le roi et le peuple se mirent maintenant à faire les louanges de Dieu.

Pour affronter ses ennemis, le roi disposa tous les Lévites, les musiciens et les chantres à la tête de l'armée. C'est sur fond de Louanges, de cris de triomphe que l'armée alla affronter les ennemis. C'est l'image créée par la prophétie qui les poussa à agir de la sorte. Lisez la suite de l'histoire, et vous verrez comment cela s'est terminé.

Maître, enseigne-nous à prier!

Remarque – *Lorsque l'image de la délivrance est vraiment forte dans notre esprit, elle nous poussera à louer Dieu avant même que la délivrance n'arrive. C'est cela la foi extraordinaire!*

12) Le pouvoir de la pensée

C'est Dieu qui nous a donné la capacité d'imaginer. Satan connaît très bien le pouvoir qu'à notre pensée de motiver tout le reste de notre corps et de provoquer l'accomplissement des choses dans notre vie. C'est la raison pour laquelle le diable l'utilise comme une arme très puissante contre nous pour nous faire succomber au péché.

Ce phénomène s'appelle la convoitise. Qu'est-ce que c'est?

La convoitise est un désir effréné que nous sentons envers une chose et à cause de la nature de ce désir, il nous conduit souvent à pécher contre Dieu. La convoitise se manifeste généralement à travers nos cinq sens, en particulier nos yeux et nos oreilles, sans oublier notre pensée, car quand le message pénètre notre pensée, notre imagination commence à fonctionner et à nous faire voir et sentir combien cela est vraiment bon, nous sommes enflammés dans nos désirs parce que notre imagination nous met déjà en présence de la réalité. En un instant, le péché est aux trois quarts consommé.

C'est dans ce piège qu'Ève fut prise – Genèse 3 :6. Elle regarda simplement l'arbre et vit que le fruit pouvait faire tout ce que Satan lui avait dit. Tel est le pouvoir de la pensée.

David est un autre exemple de personne qui tomba dans ce piège – 2 Samuel 11. Le verset 2 dit qu'un jour, vers le soir, le roi David, après s'être un peu reposé, se leva de sa couche et alla sur la terrasse de son palais. De là, il aperçut une très belle femme qui se baignait. Nous voyons que les yeux de David transmirent un message à sa pensée et c'est alors que son imagination utilisa l'information et que ses désirs furent enflammés. Voilà comment le péché allait être consommé.

13) Garde ton cœur (ta pensée) plus que tout autre chose

Depuis l'Ancien Testament, nous voyons que les hommes avaient déjà très bien compris ce problème. Job, de son côté, dit : « *J'avais fait un pacte avec mes yeux, et je n'aurais pas arrêté mes regards sur une vierge* » (Job 31 :1). Il savait quel désastre un mauvais regard pouvait occasionner. Après ce qu'il avait subi dans l'affaire Bath-Schéba, le roi David dit dans le Psaume 101:3 : Je ne mettrai rien de mauvais devant mes yeux pour ne pas être animé de mauvaises pensées.

Dans Proverbes 4 :23, le plus sage des rois que la terre n'ait jamais porté nous exhorte à garder nos pensées plus que toute autre partie de nos corps, car d'eux viennent les sources de la vie. Jésus compare notre pensée à un trésor ou une tirelire. Si nous y mettons de bonnes choses, nous en tirerons de bonnes choses, mais si nous y mettons de mauvaises choses, nous en tirerons de mauvaises choses (Luc 6 :45).

Au reste, mes frères et sœurs, que tout ce qui est bon, ce qui est digne de louange, ce qui est vrai, ce qui est juste, ce qui est droit, ce qui est beau, ce qui est honorable, soit l'objet de nos pensées. Lorsque nous prions, nos pensées doivent s'accorder avec nous. L'image de la réponse doit être claire dans nos pensées, pour que la foi que nous puisons dans les promesses de Dieu puisse se consolider jusqu'à ce que vienne la réponse.

14) Quand devons-nous cesser de prier?

a) Quand notre prière est exaucée
Nous devons arrêter de prier quand nous avons trouvé réponse à notre prière. C'est pourquoi il importe de prier la volonté de Dieu. Quand nous avons la certitude que ce que nous demandons est selon la volonté de Dieu, nous ne cesserons de demander comme Daniel l'avait fait que lorsque notre prière est exaucée.

b) Quand nous avons la conviction que Dieu a écouté notre prière

Quand le Saint-Esprit nous donne la conviction que Dieu nous a répondu. Dans 2 Chroniques 20, nous trouvons l'histoire du pays de Juda quand il était en difficulté. Le roi convoqua tout le peuple à la prière. Au cours de la prière, le Saint-Esprit parla par la bouche de Jachaziel pour dire au roi et à tout le peuple de ne plus s'affoler, car la bataille était celle de l'Éternel. Selon la prophétie, l'armée de Juda n'avait pas à s'engager dans cette guerre. Dieu s'en était Lui-même chargé. Quand le roi et le peuple eurent entendu la prophétie, ils arrêtèrent de prier. Que firent-ils alors? Regardons les versets 18 à 22. Ils louèrent Dieu alors que le danger était encore là devant eux. Mais leur foi en la fidélité de Dieu leur permit d'avoir cette attitude.

Quand nous avons reçu la conviction du Saint-Esprit, Dieu nous a déjà donné la victoire dans le monde spirituel. À présent, nous pouvons cesser de prier en vue de commencer à louer sans relâche.

Si c'est nous qui combattons au moment de la prière, au moment de la louange c'est Dieu qui combat. Regardons le verset 22 dans 2 Chroniques 20, à peine que le peuple eut commencé à chanter, l'Éternel commença à combattre les trois armées qui étaient montées contre le pays de Juda. Le docteur Wagner dit : « *Quand le peuple chrétien prendra davantage conscience de ce qu'est la prière, quand il avancera dans sa puissance et adhérera à ses principes, nous verrons beaucoup de nos églises bouleversées et de nos villes s'ouvrir à l'évangile.* »

Chapitre V

Comment bien prier?

C'est bien de prier, mais c'est mieux de bien prier. La prière que Dieu écoute et exauce, c'est celle qui s'accorde à ses principes. Dans Matthieu 6 :5-15, nous voyons Jésus former Ses disciples à la prière. Mettons aussi cet enseignement à profit.

a) Le Seigneur nous apprend à bien prier (Matthieu 6 :5-15)

Le verset cinquième de ce passage nous montre le Maitre en train de mettre Ses disciples en garde de ne faire de la prière une simple activité religieuse. D'après ce verset, on dirait que la prière est une activité spirituelle qui ne concerne que l'homme et Dieu. Attention, cela ne veut pas dire que la prière soit une activité que nous devons avoir honte de faire publiquement. Ce n'est pas du tout ce que dit le Seigneur. Il ne veut pas que l'homme se serve de la prière comme une activité religieuse pour gratifier les désirs de la chair.

Nous pouvons tirer cette formule de ce verset : « *La prière se fait dans l'intimité de la chambre, tandis que son exaucement a lieu au salon.* » Lorsque Dieu exauce nos prières, il ne le fait pas secrètement comme lorsque nous Le priions. Il le fait publiquement, et tout œil voit qu'il agit en notre faveur. Psaume 23 :5 – Dieu dresse devant nous la table des réponses à nos prières en face de nos ennemis.

b) Quand nous prions en secret, Dieu nous exauce en public. (Psaume 40 :2-4)

La prière n'est pas ce qu'on appelle la science de la persuasion. On n'est pas obligé de remonter à l'histoire de la Grèce antique pour rencontrer Démosthène et, à son retour, de passer à Rome voir Cicéron en vue de suivre ses cours d'art oratoire et de rhétorique et de se dire ensuite qu'on est maintenant prêt à prier. Ce n'est pas du tout ce qui fait la valeur d'une prière pour Dieu. (Verset 7)

Vous pensez peut-être qu'il vous faut aller dans la Bible et citer tous les attributs de Dieu, proclamer qu'Il est 20 fois, 30 fois ou 40 fois saint, mentionner les noms des trois patriarches, des douze fils de Jacob et de tous les prophètes. Ce n'est pas du tout ce qui va motiver Dieu à l'action. Ce sont plutôt les promesses de Dieu, lesquelles constituent le premier élément essentiel de la prière. Le second élément consiste à présenter notre requête avec foi. Dans le cas contraire, il ne s'agira que de paroles vaines, de sueurs et de dépense de temps et d'énergie inutile.

c) Avant d'avoir Dieu pour Père, vous devez vous voir comme Son enfant.

Avant d'examiner le neuvième verset, nous devons nous demander si Jésus nous a donné le Notre Père pour le réciter comme une litanie ou si c'est une prière qui sert de modèle, nous montrant comment prier. Nous ne disons pas que ce soit une mauvaise pratique de réciter le Notre Père, mais il ressemble plus à un modèle de prière qui nous montre comment nous présenter devant Dieu. Notre Père! Un enfant peut-il appeler n'importe qui père? Bien sûr que non. Un personnage acceptera-t-il que n'importe quel enfant ou jeune l'appelle père? La réponse est non.

Il y a des raisons fondamentales qui font qu'il est possible qu'un enfant soit le fils ou la fille d'un homme ou qu'un homme soit le père d'un enfant. C'est cette raison qui explique que généralement pères et enfants se reconnaissent les uns les autres. Cela est tellement vrai qu'un père et son enfant peuvent s'identifier l'un à l'autre uniquement grâce à leur voix. C'est en ce sens que Jésus dit que Ses brebis connaissent Sa voix et qu'elles ne suivront pas un faux berger (Jean 10 :4,5).

Nous voulons dire, en ce sens, qu'il n'est pas réservé à n'importe qui d'appeler Dieu son Père. Cela ferait plaisir à Dieu de voir tous les hommes devenir Ses enfants, mais la vérité est que tous ne sont pas Ses enfants. Car il y a des gens qui ne décident pas de remplir les conditions requises par Dieu pour devenir Ses enfants. Le principe général de la vie, tel que nous le connaissons, veut que chaque père soit responsable de ses enfants. Si vous ne remplissez pas les conditions pour devenir enfant de Dieu, vous n'êtes pas enfant de Dieu. Nous avons déjà expliqué comment quelqu'un peut devenir enfant de Dieu. Si Dieu est notre Père, nous devons donc connaître Son nom.

d) Différents noms attribués à Dieu par les Juifs

L'Ancien Testament utilise quatre (4) lettres pour écrire le Nom de Dieu : **JHWH**. Les théologiens désignent ces quatre lettres sous le nom de tétragramme divin. Les Juifs avaient un respect tel pour ce Nom qu'ils n'osaient jamais le prononcer. Ce n'est qu'une fois l'an que ce Nom devait sortir de la bouche du souverain sacrificateur. Puisqu'ils ne l'ont jamais prononcé par respect pour Dieu, ils L'ont identifié sous d'autres noms comme :

El : Dieu
El-Elyon : Dieu très haut – Genèse 14 :18
El-Olam : Dieu éternel – Genèse 21 :33
El-Ganna : Dieu jaloux – Exode 20 :5
El-Haï : Dieu vivant – Josué 3 :10
Yahvé-Jireh : Dieu y pourvoira – Genèse 22 :13-14
Yahvé-Rapha : Dieu qui guérit – Exode 15 :26
Yahvé-Nissi : Dieu est ma bannière – Exode 17 :15
Yahvé-Raah : Dieu est mon berger – Psaume 23 :1
Yahvé-Shalom : Dieu qui donne la paix – Juges 6 :24
Yahvé-Tsidkenu : Dieu est notre délivrance (justice) – Jérémie 23 :6
Éloah : Le Dieu suprême
Élohim : Forme plurielle de « Eloah »
Yahweh : Transcription de JHWH qui signifie l'Être
Élohim Sabbaoth : Dieu des armées
El Shaddaï : Dieu tout-puissant
Adonaï : Seigneur
Hachem : C'est par ce Nom que les Juifs appellent souvent Dieu. Il signifie simplement Le Nom.

e) Notre Père qui es aux cieux

Dieu, notre Père, demeure et siège dans les cieux. Le Psaume 115 :16 dit que les cieux sont les cieux de l'Éternel. Il ne les partage avec personne, mais Il a donné la terre aux fils de l'homme. Il est important que nous sachions où demeure notre Père. Après sa résurrection, Jésus dit à la femme qui était venue embaumer son corps : « *Ne me touche pas; car je ne suis pas encore monté vers mon Père. Mais va trouver mes frères, et dis-leur que je monte vers mon Père et votre Père...*» (Jean 20 :17). C'est pourquoi Jésus a dit que nous nous ne devons jurer aucunement par le ciel, car c'est le trône de Dieu (Matthieu 5 :34).

f) Que ton nom soit sanctifié

Il faut toujours nous rappeler que le terme père est un titre et que tout père a un nom. Supposons que vous alliez à une entrevue pour résidence et qu'on vous demande le nom de votre père. Vous n'avez pas à vous gratter la tête et le corps parce que vous ne vous rappelez pas ou que vous avez oublié le nom de votre père. Comment le consul le comprendrait-il? Il dirait tout de suite que vous mentez. L'homme qui a rempli le formulaire de résidence pour vous n'est pas réellement votre père, car s'il l'était vous connaîtriez son nom. Nous nous demandons combien de personnes se déclarent enfants de Dieu et pourtant ne connaissent pas Son nom. Vous devez connaître Son nom. Si vous ne connaissez pas le nom de Dieu, vous ne pourrez pas sanctifier Son nom.

g) Comment sanctifier le nom de Dieu?

Sanctifier vient du verbe latin sanctificare qui est lui-même issu du mot sanctus, lequel signifie saint. Sanctifier, c'est témoigner du respect, être soumis, donner son allégeance. Il ne suffit pas de dire à Dieu " *Que ton nom soit sanctifié* ". Son nom à travers notre vie quotidienne sur la terre ne doit jamais donner raison de médire de lui. C'est ainsi que nous pouvons sanctifier son nom.

Nous voyons autre chose dans le mot sanctifier. Quand nous prions, nous devons prendre le temps de louer le nom de Dieu, Le vanter, Le

Comment bien prier?

glorifier, Le chanter, raconter Ses merveilles, L'adorer, publier bien haut tout ce qu'Il est, etc. Quand nous sanctifions le nom de Dieu, Son pouvoir deviendra réel et visible dans notre vie.

h) Que ton règne vienne

Jésus nous enseigne à prier pour la venue du Royaume de Dieu. Cela veut dire que si nous ne prions pas, il ne viendra pas. Nous ne le voyons pas encore parce que nous ne prions pas. Beaucoup de gens croient que le royaume viendra à tout prix, que l'on prie ou que l'on ne prie pas. Il faut comprendre qu'il s'agit là de deux choses différentes. Le Royaume dont parle la Bible dans l'Apocalypse viendra à coup sûr, par tous les moyens. Mais rappelez-vous aussi que dans l'évangile de Luc 17 :21, c'est pour la venue de ce Royaume que nous devons prier. Si nous ne demandons pas à Dieu par la prière que ce Royaume vienne, il ne viendra pas. Jésus a dit que le Royaume est déjà en nous. Il y a plus de deux milliards de personnes qui n'ont pas encore ce Royaume dans leur vie. Nous devons cesser de le dire comme une liturgie, mais prier effectivement, demandant à Dieu que son Royaume vienne dans la vie de ces gens qui périssent sans Jésus sur la terre.

i) Qu'est-ce que le Royaume de Dieu?

Le territoire ou l'espace géographique, les principes et les gens sont les trois éléments fondamentaux qui définissent un Royaume. En ce sens, nous pouvons dire que le royaume d'un roi s'étend à tous les endroits où les principes, les paroles de ce roi font autorité. Ainsi le Royaume de Dieu comprend tous les domaines où les principes de Dieu ont autorité. Le Royaume de Dieu est venu dans la vie de quelqu'un quand il laisse les principes de Dieu gouverner sa vie. Cela veut dire que la vie que cette personne a choisie de vivre se fonde sur la Parole de Dieu. À ce moment, le Royaume va affecter la vie de cette personne dans tous les domaines : spirituel, intellectuel, matériel... Il revient à nous qui connaissons déjà le Seigneur de permettre au royaume de se manifester dans tous les aspects de notre vie, de sorte que les vertus de Dieu se voient à l'œil nu par ceux qui sont encore dans les ténèbres. C'est ainsi que le Royaume peut les attirer.

Maître, enseigne-nous à prier!

Pour que cela se réalise, nous devons non seulement prier, mais encore y travailler.

j) Que Ta volonté soit faite sur la terre comme au ciel

De nombreuses personnes pensent que Dieu a le droit de faire ce qu'il veut, comme il veut et quand il veut. Cette partie du Notre Père nous montre que, malgré sa Toute-Puissance, Dieu ne violera pas les Principes qu'Il a établis, car Il est un Dieu à la fois fidèle et juste. Pourquoi Dieu ne fait-Il pas accomplir soudainement Sa volonté sur la terre puisqu'Il est Dieu et qu'Il est Créateur et Propriétaire de toutes choses? Non, Il ne le fera pas de cette manière parce qu'Il avait déjà confié la terre à l'homme. Il Lui faut donc la permission de ce dernier pour œuvrer sur la terre. La Bible nous montre que la volonté de Dieu s'accomplit dans le ciel sans coup férir. Qu'est-ce qui explique cela? La raison est que c'est Dieu qui dirige Ses cieux. De ce fait, tout va très bien là-haut. Tel n'est pas le cas ici-bas. Dieu avait confié la terre à l'homme qui, lui, a laissé entrer le diable. Depuis, ce bas monde est devenu le théâtre de toutes sortes de problèmes. Le plan original de Dieu pour la terre a été contrarié. Il est maintenant de la responsabilité de l'homme de permettre à Dieu d'intervenir en vue de corriger la situation. Le moyen par lequel il accorde cette permission à Dieu est la prière.

Cette même prière montre que tout ce qui se passe sur la terre n'est pas la volonté de Dieu, car si Dieu avait remarqué que Sa volonté s'accomplissait correctement sur la terre, Il ne nous aurait pas demandé de prier que Sa volonté se fasse sur la terre comme elle se fait au ciel. Il est important de voir que tout ce que nous avons traité dans le Notre Père a rapport direct avec Dieu Lui-même. Cela nous donne une idée sur la façon d'approcher Dieu. Quand nous prions, nous présentons d'abord les problèmes. Jésus nous dit de chercher premièrement le Royaume et la Justice de Dieu et toutes les autres choses nous seront données par-dessus (Matthieu 6 :33). Si l'homme ne met pas sa volonté et ses capacités au service de Dieu, ce monde où nous sommes ne pourra pas refléter l'image du ciel sur la terre. Chaque chrétien a la responsabilité de faire briller la lumière de Dieu dans la vie d'un plus grand nombre de gens sur la terre. Cela veut dire que plus de gens recevront, chaque jour, l'évangile du Royaume dans leur vie. Dieu ne descendra pas du ciel pour accomplir cette œuvre, c'est à nous qu'il en a confié la responsabilité. Que tous ceux qui connaissent déjà Dieu persévèrent dans la prière afin que le réveil éclate dans nos églises pour que tous ceux qui sont enchaînés par le diable soient délivrés et qu'ils parviennent à la connaissance de la Volonté de Dieu pour leur vie.

Dans le ciel, il n'y a ni pécheurs, ni malades, ni famine. Il en est tel que Dieu l'a voulu. C'est ainsi qu'Il l'a voulu aussi pour la terre, mais il n'en est pas ainsi. Nous devons prier afin que Dieu trouve le chemin des cœurs de ceux qui sont perdus dans leurs péchés, que leurs chaînes soient brisées et qu'ils sentent la nécessité de se convertir à Dieu. C'est ainsi que la Volonté de Dieu se fera sur toute la terre. Sachez bien que Dieu veut le faire et qu'Il en a très envie, mais si nous ne le Lui demandons pas par la prière, Il ne le fera pas.

k) Donne-nous aujourd'hui notre pain quotidien

Cette partie de la prière suscite, chez les théologiens, beaucoup de discussions relatives à la nature du pain dont parle Jésus. Se réfère-t-il à nos besoins matériels ou Jésus parle-t-il de lui-même qui est le pain de vie?

Au sixième chapitre de l'évangile de Jean, Jésus insistait auprès de ceux qui l'écoutaient sur la nécessité pour eux de manger ce pain pour avoir la vie éternelle. Le mot grec utilisé dans ce domaine semble le revêtir d'un sens spirituel. Le plus grand problème est avec le mot qui traduit chaque jour ou aujourd'hui. Le mot grec est epiousion. Ce mot est très rare et son sens n'est pas vraiment clair. C'est le seul endroit où il est utilisé dans le Nouveau Testament.

Pourquoi l'a-t-on traduit par chaque jour dans notre langue? Saint Jérôme rapporte que quand il est arrivé à Jérusalem, il a trouvé le manuscrit de l'évangile de Matthieu qui était écrit en hébreu. Il a dit que le mot hébreu en lieu et place de epiousion signifie chaque jour. Dès lors, tous les grands exégètes ont ainsi traduit le mot grec. Nous ne pouvons dire si Saint Jérôme avait raison ou non, car personne n'a jamais trouvé pour vérification le manuscrit en hébreu dont il parlait.

l) Quel est le sens du mot Epiousion dans le grec ?

Epiousion est un mot composé de deux autres mots grecs dont le sens est bien clair.
Nous trouvons le mot Epi : *au-dessus, sur.*
Le second mot est ousion : *essence, substance, existence.*

Epiousion se dit littéralement d'une chose qui est au-dessus de la substance. Pour cette raison, plusieurs exégètes pensent que le mot pain dans cette requête revêt un sens spirituel. Ce pain signifierait la présence de Dieu dont nous avons besoin dans notre vie quotidienne, la Parole de Dieu qu'il nous faut consommer chaque jour.

Même si le mot pain aurait un sens spirituel, cela ne veut pas dire que Dieu ne s'intéresse pas à notre existence matérielle. Car dans Philippiens 4 :6, la Parole nous dit : « *Ne vous inquiétez de rien; mais en toute chose, faites connaître vos besoins à Dieu par des prières...* » Quand nous avons des besoins d'ordre matériel dans notre vie, nous avons le droit de demander à Dieu. C'est la volonté de Dieu que nous prospérions à tous égards – 3 Jean, 2. Puisque nous vivons aussi dans un monde matériel, les éléments matériels sont très importants pour que nous soyons plus efficaces entre les mains de Dieu pour que Son Royaume gagne du terrain sur la terre et pour que Sa volonté s'accomplisse dans la vie d'un plus grand nombre de personnes chaque jour sur cette terre.

m) Pardonne-nous nos offenses comme nous pardonnons aussi à ceux qui nous ont offensés

La première question que l'on se pose : de quel pardon le passage parle-t-il? Deuxièmement, un inconverti peut-il pardonner à ceux avec qui il a maille à partir, avant même qu'il vienne à Dieu? Dieu le recevra-t-il?

Nous pensons même qu'il est impossible, car c'est quand quelqu'un est transformé par la grâce de Dieu qu'il peut avoir le courage nécessaire de pardonner et de comprendre l'importance du pardon. Les mots

Notre Père commencent la prière; ce qui veut dire que ce sont ceux qui sont déjà enfants de Dieu, libérés de la puissance du péché, et à qui Dieu a déjà pardonné à cause du sang de Christ, qui ont le droit de prier Dieu en tant que leur Père. Jésus voulait nous faire comprendre combien il est important voire indispensable de nous pardonner aux uns et aux autres. Car le pardon que nous donnons aux hommes nous sera rendu grandement. Quand ils reçoivent notre pardon, ils peuvent comprendre plus facilement le pardon de Dieu.

De plus, Jésus veut nous donner une mise en garde concernant l'offense et l'amertume, lesquelles sont des armes utilisées par le diable pour nous détruire spirituellement, en ce qui concerne notre relation avec Dieu, et socialement, en ce qui concerne nos rapports entre humains. Elles peuvent même nous détruire physiquement. L'amertume et le refus de pardonner sont des poisons violents.

Quand nous ne pardonnons pas aux autres, il devient impossible à Dieu de nous pardonner. À ce moment, Satan jouera la carte de la culpabilité pour détruire notre vie. Proverbes 3 dit que l'obéissance aux principes de Dieu est un remède pour notre corps. Il y a plusieurs personnes qui sont malades et qui dépensent beaucoup d'argent en soins médicaux; elles gaspillent aussi beaucoup d'énergie dans la prière sans éprouver le moindre soulagement. Bien souvent la haine est la cause de leur maladie. Si ces personnes n'obéissent pas à Dieu en prenant le remède du pardon, elles ne seront jamais guéries. Notre refus de pardonner donne à Satan le droit d'entrer dans notre vie et de faire des dégâts. Le refus de pardonner est un péché et quand le péché est dans notre vie, Dieu n'exaucera pas nos prières. Pardonner est, en ce sens, la première chose qu'un enfant de Dieu devrait faire avant même d'approcher Dieu.

n) Ne nous pousse pas à la tentation

Il semble que c'est le rôle de Dieu de nous tenter en envoyant de mauvaises choses dans notre vie. Cette conception va aux antipodes de ce que la Bible nous enseigne généralement sur la nature de Dieu. Dieu n'est pas source du mal. D'ailleurs Jacques 1 :13 nous dit : « *Dieu ne peut être tenté par le mal, et il ne tente lui-même personne.* » Quand nous sommes tentés, Dieu n'a absolument rien à y voir. Au contraire, nous devons chercher dans notre propre vie les éléments cachés qui attise ses tentations. Certains passages de l'Ancien Testament montrent que Dieu est source de toutes choses, et le bien et le mal. Mais en les scrutant, nous avons fini par comprendre que Dieu n'a pas été l'auteur des mauvaises choses qui sont arrivées dans la vie de ces gens. Job en est un exemple. Le Nouveau Testament nous montre clairement que tout ce qui est mauvais vient de Satan.

Faisons une approche du texte original pour voir où se situe le problème, car comme nous l'avons dit précédemment, Dieu n'a pas la pratique d'envoyer la tentation dans notre vie ni de nous induire dans la tentation. D'après le texte original, il serait mieux de dire : « *Ne nous laisse pas succomber à la tentation au lieu de ne nous induis pas dans la tentation.* » Car ce n'est pas la manière d'agir de Dieu. C'est une prière à adresser sans cesse à Dieu, lui demandant de la sagesse afin que nous puissions identifier et éviter les pièges de Satan.

o) Mais délivre-nous du mal

Nous demandons à Dieu de ne pas nous laisser succomber aux pièges de la tentation de Satan. Mais s'il arrivait que, par notre entêtement, nous ne respections pas les consignes de Dieu et que nous cédions à la tentation, nous devrions implorer la pitié et la délivrance de Dieu.

Jacques 1 :14,15 dit que lorsque nous sommes tentés, ce sont nos mauvais désirs (*nos convoitises*) qui nous tentent et dès l'Ancien Testament, Dieu nous a mis en garde de donner libre cours à nos mauvais désirs. Dans le Nouveau Testament, Jésus ne fait pas de différence entre mauvais désirs et mauvaises actions. Même quand c'est nous qui nous sommes mis dans le pétrin, notre Père céleste ne nous rejettera pas. Si nous cherchons son secours dans la prière, Il nous viendra certainement en aide.

p) Car c'est à toi qu'appartiennent dans tous les siècles le règne (gouvernement, autorité), la puissance et la gloire. Amen.

Les exégètes ont quelque difficulté avec cette partie du Notre Père. En l'analysant, ils la voient comme un ajout à la prière de Christ. Mais nous pouvons la considérer comme une louange (*doxologie*) qui vante immanquablement la grandeur de Dieu.

Notre Dieu est réellement grand et à cause de cela, après que nous lui avons présenté une requête, nous pouvons Le louer d'avance pour les réponses que nous obtiendrons très certainement. Nous nous approchons avec des louanges et nous laissons Sa présence avec des louanges et nous pouvons aller jusqu'à dire avec plus de louanges. C'est ce modèle de prière que le maître nous a laissé à chaque fois que nous prions. Il est important d'y jeter un coup d'œil et cela permettra à nos prières d'avoir plus d'efficacité dans notre vie.

Chapitre VI

Les conditions de la prière

Il faut toujours rappeler que notre Dieu est un Dieu de principes et que c'est l'application de ses principes qui libérera ses bénédictions dans notre vie. Lorsque nous prions, nous devons avoir la certitude de notre lien avec Dieu. En d'autres termes, nous devons croire vraiment que nous sommes enfants de Dieu, car il n'écoute que la prière de ses enfants. Il y a certaines conditions qui doivent être remplies pour que nos prières soient exaucées.

a) Nos mains et notre cœur doivent être purs

Dans le Psaume 24 :3-4, la Parole du Seigneur dit : « *Qui pourra monter à la montagne de l'Éternel? Qui s'élèvera jusqu'à son lieu saint? Celui qui a les mains innocentes et le cœur pur.* »

Ce verset nous donne une idée de la façon dont nous devons nous présenter devant Dieu. Si notre vie n'est pas pure, la seule prière qui soit acceptable dans ce cas est la prière de repentance. Si c'est le pardon de Dieu que nous implorons, il nous entendra et nous exaucera, mais si nous demandons autre chose, Il ne nous entendra même pas, alors pour ce qui est de nous répondre... Dans le Psaume 66 :18, David dit : « Si j'avais conçu l'iniquité dans mon cœur, le Seigneur ne m'aurait pas exaucé. » Jean 9 :31 dit que Dieu n'exauce point les pécheurs. Proverbes 28 :9 dit encore que la prière de ceux qui n'obéissent pas à la Parole de Dieu est une abomination aux yeux de Dieu.

Maître, enseigne-nous à prier!

b) Nous devons entrer dans la présence de Dieu avec des louanges

Dans le Psaume 100, la Parole dit que nous devons venir en la Présence de Dieu avec des actions de grâces, en Le célébrant et en Le louant. Il n'y a pas de meilleure façon pour un enfant de Dieu de L'approcher. Une bonne communication entre deux personnes nécessite qu'elles se rapprochent l'une de l'autre. Si prier, c'est communiquer avec Dieu, la louange est la voie qui nous conduit auprès de Dieu. Elle est non seulement la voie conduisant à Dieu, mais elle peut pousser Dieu à se lever de Son trône et à S'approcher de nous aussi. Le Maître nous en a donné l'exemple dans le Notre Père. La première chose à faire quand on prie, c'est de bénir et sanctifier le Nom de Dieu.

c) Nous devons prier avec foi

Jacques 1 :6 dit que nous devons demander avec foi en priant Dieu, car celui qui entretient des doutes au sujet de ce qu'il demande ressemble au flot de la mer poussé de côté comme de l'autre. Pour conclure, il dit qu'un tel homme ne doit pas s'imaginer qu'il recevra quelque chose du Seigneur (v.7). Jésus a insisté dans ses enseignements sur l'importance de la foi. À bien comprendre le ministère de Jésus, Il n'avait jamais agi en faveur de quelqu'un comme par pitié ou pour exercer sa divinité ou ses Saintes Vertus. En effet, Jésus voyait ces miraculés à travers le miroir de leur grande foi. C'est pourquoi ils obtenaient toujours ce dont ils avaient besoin. Jésus disait toujours à tous ceux qui recevaient un miracle de Lui : Qu'il te soit fait selon ta foi. Encore selon ses enseignements, la plus grande force qui existe dans le monde est la prière de la foi.

Dans Marc 11 :24, Jésus donne une révélation qui surpasse la compréhension humaine de la foi. Il dit que nous pouvons, par la foi, déplacer les grandes montagnes (*les obstacles*) qui se dressent sur notre chemin. C'est une façon de nous dire que la foi ne connaît ni limites, ni temps, ni espace. Quand nous demandons à Dieu une chose selon Sa volonté, si nous avons la ferme assurance dans notre cœur, nous le verrons s'accomplir. Encore selon Marc 11 :24, nos prières ne seront jamais exaucées dans le cas contraire. En ce sens, nous pouvons dire que l'exaucement de nos prières ne dépend pas de Dieu, mais de celui qui prie car les prières que nous adressons à Dieu ne doivent pas leur exaucement à nos sentiments, mais plutôt à notre obéissance à Ses principes.

d) Dans le domaine de la foi, il n'y pas de « si » qui tienne

Les prières de beaucoup de chrétiens n'ont pas été exaucées parce qu'ils ont étouffé la foi qui allait activer ces prières en les terminant par cette phrase : « *Si telle est Ta volonté, Seigneur!* » Une des raisons qui poussent un chrétien à prier de la sorte est qu'il n'a pas la ferme conviction que Dieu va intervenir et qu'Il agréera sa demande. Ainsi il se prépare, quand rien ne s'est passé, à dire que c'est parce que ce n'était pas la volonté de Dieu. Voilà pourquoi il importe de chercher la volonté de Dieu au sujet de la chose ou la situation qui constitue l'objet de notre requête, avant même de prier à ce sujet.

1 Jean 5 :14 dit que c'est lorsque nous prions selon la volonté de Dieu qu'il nous entendra et nous exaucera.

Hébreux 4 :16 nous commande de nous approcher avec assurance, un mot que nous trouvons dans la définition de la foi.

Hébreux 11 :1 dit que nous devons nous approcher de Dieu avec foi et certitude afin qu'il puisse entendre et exaucer nos prières.

Certains pensent qu'il est impossible de connaître la Volonté de Dieu avant de prier. Ils se réfèrent même parfois au passage de Jacques 4 :5 pour soutenir cette idée : Nous devrions dire toujours si Dieu le veut... C'est parce qu'ils n'ont pas pris le temps de souligner le contexte dans lequel l'apôtre parlait. Jacques ne parlait pas de la prière, mais des décisions que nous prenons de sortir ou de faire quelque chose d'autre. Quand nous approchons Dieu par la prière, nous devons éviter les si, car dès que si se mêle de la partie, la foi s'évapore. Ils ne vont pas de pair dans le domaine de la prière.

e) Nous pouvons connaître la volonté de Dieu

La première source de connaissance de la Volonté de Dieu est sa Parole, la Bible. D'une manière générale, l'essentiel de la Volonté de Dieu, comme ce qui concerne notre relation avec lui et avec autrui, notre responsabilité sur la terre... tout ceci est déjà clairement révélé dans la Bible. En étudiant la Parole avec l'aide du Saint-Esprit, nous connaîtrons la volonté de Dieu. 2 Timothée 3 :16 dit que la Parole nous enseignera la volonté de Dieu.

f) Notre environnement. (Psaume 1 :1-2)

La foi de ceux qui prennent plaisir à la compagnie des méchants et qui entendent souvent leur discours se fondera sur leur doctrine. Cela les fera penser et agir à la manière des méchants. Ils finiront par devenir eux-mêmes méchants. Mais le verset 2 dit que la même chose arrivera à ceux qui trouvent leur plaisir dans l'étude, la méditation et l'application de la Parole. La Bible qualifie ces gens de bienheureux. Ils ressemblent chacun à un arbre planté près d'un courant d'eau qui donne son fruit en sa saison. La Parole de Dieu nourrit leur foi et leur confiance en Dieu se fortifie. Alors, ils pensent, parlent et agissent selon ce qu'ils croient. Cela croit, mûrit et fructifie leur foi et il devient facile de voir la main de Dieu agir dans leur vie.

g) Une bonne attitude vis-à-vis de la Parole

Il n'est pas bon de considérer la Parole de Dieu comme un médicament, même si elle en est un. Que voulons-nous insinuer par-là? La raison est que l'on ne prend des médicaments que quand on est malade; on n'éprouve aucun plaisir à en prendre. Ceux qui ne sont jamais malades ne prennent jamais de médicaments. Autrement, si nous prenons la Parole de Dieu comme un médicament, nous risquons de ne jamais avoir la foi nécessaire pour faire face aux obstacles qui surgissent sur notre chemin.

Moïse dit au peuple dans Deutéronome 8 :3 que toutes les calamités qu'ils ont connues leur ont enseigné une belle leçon, celle que l'homme ne vit pas de pain seulement. Si nous considérons le mot pain, nous voyons qu'il peut symboliser tous les biens matériels dont l'homme a besoin pour vivre. Ainsi, même avec toutes nos possibilités matérielles, rien n'est enlevé au fait que nous ayons besoin de Dieu dans notre vie. Nous avons vu que la foi est l'élément le plus important de la prière et que celle-ci est le seul moyen par lequel nous puissions nous approcher de Dieu. Notre foi en Dieu doit tirer son origine de la Parole de Dieu. Nous pouvons alors bien comprendre la conclusion de ce verset quand il dit : « *...mais que l'homme vit de tout ce qui sort de la bouche de Dieu.* » Nos moyens matériels sont limités tandis que Dieu lui ne connaît pas de limites.

Quand nous nous délectons de la Parole de Dieu, nous trouvons du même coup tous les autres bienfaits qui y sont cachés. Nous avons dit plus haut de ne pas considérer la Parole comme un médicament et avons expliqué pourquoi. Mais Proverbes 3 :8 nous dit que la Parole est également un médicament. Prenons cet exemple : celui qui aime manger les légumes crus, ne souffrira jamais d'anémie; c'est l'un des bienfaits dont il jouira. Rappelez-vous que ce n'est pas pour cette raison qu'il mange les légumes crus, mais il en tire avantage parce qu'il prend du plaisir à les consommer ainsi. C'est ainsi que si nous nous délectons de manger la Parole, elle apportera de nombreux avantages dans notre vie.

h) Comment Dieu veut que nous concevions Sa Parole

Psaume 37 :4
Nous devons faire de la Parole de Dieu nos délices. Que signifient délices? Cela se dit de quelque chose qui nous enchante jusqu'à ce que nous soyons ravis au septième ciel. C'est ainsi que Dieu veut que nous considérions Sa Parole. Si nous faisons de la Parole nos délices, ni la fatigue, ni l'empressement, ni le manque de temps ne nous empêcheront de nous y consacrer.

Psaume 119 :72
Le verset dit que la Parole doit avoir plus de valeur que tous les beaux objets d'or et d'argent du monde. Pourquoi devons-nous accorder autant

de valeur à la Parole? Parce que la Parole est Dieu Lui-même. C'est ce que Jean 1 :1 nous dit. Dieu n'a-t-Il pas plus de valeur que tout autre chose sur la terre? Nous savons que vous répondrez par l'affirmative. Sachez bien que Dieu et Sa Parole ne forment qu'un. La Parole est Dieu, et Dieu est la Parole. La Bible nous dit aussi que la Parole est Jésus-Christ. Encore dans Jean 1, le verset 14 nous dit que la Parole s'est faite chair et qu'elle a habité sur la terre. Jésus n'a-t-Il pas plus de valeur que tout autre chose sur la terre? Nous savons que la réponse est encore oui. Bien-aimé, donnons à la Parole la valeur qu'elle mérite. Vous savez, quand quelqu'un accorde de la valeur à la Parole, la Parole lui accordera de la valeur aussi.

Psaume 119 :82

Nous devons toujours avoir une soif démesurée de la Parole de Dieu. Cela veut dire que la Parole doit être notre plus grande envie, la chose dont nous ne pouvons passer. Nous devons être conscients que les lectures cursives que nous faisons chaque jour ne peuvent pas produire dans nos vies la dimension de foi dont nous avons besoin pour résoudre nos problèmes. Nous devons adopter une autre attitude en approchant la Parole de Dieu.

Psaume 119 :97

Nous devons aimer la Parole et elle doit être l'objet de notre méditation. Cela veut dire que nous devons toujours la méditer et y penser. La Parole de Dieu, toujours présente dans notre pensée, c'est ce qui nous permettra de parler et d'agir conformément à ce qu'elle dit.

Jérémie 15 :16

Quant au prophète Jérémie, il ne se contentait pas de manger la Parole. Il la dévorait! Cela veut dire qu'il la mangeait avec un appétit vorace. On dirait que le prophète était avide de la Parole, qu'il n'en avait jamais assez de l'entendre, de l'étudier et de la méditer. Combien de chrétiens aujourd'hui reprochent toujours aux messages leur longue durée alors qu'ils ne vont à l'église que le dimanche! Ces chrétiens considèrent la Parole comme un médicament. Le docteur Satan leur prescrit d'en prendre, une fois par semaine, pendant trente minutes seulement et pas plus. Il est donc normal que de tels chrétiens ne puissent mener une vie victorieuse.

Notre foi en Dieu doit prendre sa source dans la Parole de Dieu. La foi ne viendra pas de ces contacts superficiels que nous avons avec la Parole. Par exemple, nous allons à l'église une fois par semaine, nous ne lisons jamais la Bible à la maison où notre attention est partagée quand nous entendons ou lisons la Parole. Bien-aimé, ce type de relation ne peut pas produire la foi. Nous devons approcher la Parole de la façon indiquée par ce verset. C'est ainsi et ainsi seulement que nous trouverons le type de foi nécessaire à déplacer les montagnes et à renverser les forteresses sataniques. Puisons dans les ressources que Dieu a mises à notre disposition et marchons dans cette vie de victoire que Jésus-Christ a remportée pour nous sur le diable.

i) Dieu ne fera rien qui ne concorde avec sa Parole

Plusieurs personnes confondent la foi avec l'illusion qui est le fait d'espérer quelque chose qui n'arrivera jamais. La Parole de Dieu seule a l'autorité de faire savoir à un chrétien s'il est tombé dans l'illusion ou non. Si ce que demande le chrétien est aux antipodes de ce que dit la Parole, alors il est dans l'illusion. Prenons l'exemple d'une sœur, membre d'église, qui est aimée de quelqu'un qui possède toutes les qualités que devrait avoir un homme de bien, mais qui n'est pas converti. La sœur se met à prier pour connaître si c'est la volonté de Dieu qu'elle entretienne une relation avec lui. C'est de l'illusion. Elle n'obtiendra pas l'approbation de Dieu, eut-elle une foi aussi grande que le morne Puilboreau, car la Parole de Dieu a déjà tranché sur cette question : il n'y a aucun rapport entre la Lumière et les ténèbres.

Bien-aimés, c'est pourquoi il est très important de connaître la Parole de Dieu pour que nous parvenions à prier conformément à la volonté de Dieu. La foi ne peut obtenir de Dieu que ce qu'Il a promis. Dieu nous a promis tout ce qu'il y a de bon et qui contribue à la vie sur cette terre, spirituellement et matériellement.

Maître, enseigne-nous à prier!

Étudions la Parole afin de découvrir toutes ces belles promesses et de prier toujours selon la Volonté de Dieu pour notre vie, car Dieu ne fera rien qui ne cadre avec Sa Parole ni ne donnera rien qu'Il n'a pas promis dans Sa Parole.

j) Dieu peut-Il œuvrer sans permission dans notre vie?

Nous avons déjà abordé ce point, mais nous allons faire une autre approche. Nous aimons souvent considérer Dieu comme un Dieu souverain. Et il y a plusieurs passages de la Bible qui nous autorisent à parler ainsi. Mais la vérité est que c'est en vertu de Sa souveraineté que Dieu ne violera pas Ses principes. Ainsi il y a des choses qu'Il ne fera pas même quand Il désire leur accomplissement. Nous en avons déjà donné maints exemples. Nous vous donnerons un autre exemple : la Volonté de Dieu pour vous et moi est que nous vivions une vie de sainteté au même niveau que le Christ. Sommes-nous en train de mener cette vie de sainteté? Ne nous trompons pas nous-mêmes, la réponse est non pour nous tous. Est-ce Dieu qui nous incite à pécher? Veut-Il que nous péchions? La réponse est négative. Pourquoi péchons-nous encore bien que Dieu ne le veuille pas? La réponse est que nous choisissons de pécher. Dieu ne nous forcera pas la volonté; Il nous laisse choisir en toute liberté.

k) Dieu avait-il pas forcé Jonas ?

Certaines gens citent Jonas en exemple pour montrer ce que Dieu veut faire s'accomplira coûte que coûte. C'est un mauvais exemple, car nulle part nous ne voyons Dieu le forcer.

Regardons l'histoire de plus près. Dieu envoya Jonas à Ninive alors que lui il décida d'aller à Tarsis. Une grande tempête se déchaîna sur la mer, et Jonas reconnaissant que c'était lui le coupable, demanda aux marins de le jeter dans la mer. Il semble, d'après ce que nous comprenons, que Jonas préféra mourir plutôt que d'aller à Ninive. Pendant qu'il était dans la mer, un poisson l'avala. Et là dans le ventre du poisson, il rentra en lui-même, se repentit et implora le pardon de Dieu. Après cela, Dieu ordonna au poisson de vomir Jonas par terre.

Je vous conseille de lire Jonas 2 :11 pour voir que le poisson ne l'avait pas vomi sur les rives de Ninive. Au chapitre 3 maintenant, Dieu renvoya Jonas à Ninive et le verset 3 nous dit qu'il se leva et s'y rendit sans répliquer. À votre avis, si Jonas ne s'était pas repenti pendant qu'il était dans le ventre du poisson, pensez-vous que Dieu aurait-il ordonné au poisson de le vomir? Nous pensons que non. Dieu aurait aimé le sauver, mais Il ne l'aurait pas pu, car Jonas ne l'aurait pas voulu. C'est le cas aussi aujourd'hui de nombreuses personnes qui meurent dans le péché, sous le poids de toutes sortes de problèmes. Dieu voudrait bien les sauver et les délivrer, mais la vérité est qu'il ne sauvera jamais personne sans sa permission.

Le verset 3 nous montre que la deuxième fois Jonas alla à Ninive sur l'ordre de l'Éternel, mais avec son propre consentement. C'est ainsi que Dieu œuvre sur la terre. Il ne fera rien sans l'accord de l'homme. Tout ce que Dieu entreprend de faire sur la terre, Il le fait en réponse à une prière qui Lui a été adressée avec foi.

Quand vous voyez quelqu'un venir accepter Christ dans sa vie, c'est parce qu'il y a des gens qui connaissent Dieu qui priaient pour lui. Fort souvent il nous arrive de voir la délivrance que Dieu accorde à des gens qui ne Le connaissent même pas; ils en sont parfois eux-mêmes étonnés. L'explication de ce phénomène est qu'il y a des chrétiens qui prient pour ces gens sans que ceux-ci ne le sachent. Pour que Dieu agisse sur la Terre, il faut qu'on le prie et qu'on Lui demande d'agir. C'est pourquoi dans le Notre Père, Jésus nous enseigne à prier le Père et à Lui demander que Sa volonté se fasse sur la terre comme au ciel. Pourquoi Dieu n'utilise-t-Il pas Sa souveraineté dans l'accomplissement de Sa volonté sur la Terre? Nous y avons déjà répondu. Il est un Dieu de principes et il œuvre dans les limites de ses principes. Les cieux lui appartiennent. Il y commande et sa volonté s'y accomplit sans aucune difficulté, mais la terre est le domaine de l'homme; Il ne peut y œuvrer qu'avec la permission de l'homme. Nous lui donnons cette permission quand nous prions avec foi.

Maître, enseigne-nous à prier!

l) Comment utiliser la Parole dans nos prières

Nous avons déjà fait cette approche. Quand nous nous approchons de Dieu par la prière, nous devons nous présenter comme un avocat qui plaide dans un tribunal. D'après Ésaïe 1 :18, un avocat gagne un procès en fonction des preuves valables qu'il fournit à la cour en vue de convaincre le juge et les jurés. Si les preuves ne sont pas valables, l'avocat perdra le procès. De la même manière, quand nous nous présentons devant Dieu, ce n'est pas la gravité du problème qui Le poussera à faire quelque chose pour nous. Ce sont les arguments que nous trouvons dans la Parole de Dieu qui Le feront agir en notre faveur. Si nous ne disposons pas d'arguments solides de la Parole, il n'est même pas nécessaire de prier.

L'argument dont disposa Daniel qui le fit prier avec instance pour le rétablissement du pays de Juda est un bel exemple susceptible d'étayer ce point. Il dit avoir vu que les soixante-dix années de captivité du peuple fixées par Dieu étaient accomplies (Daniel 9 :2). Jérémie 25 :11 fut son principal argument. N'oubliez pas que nous avons dit que Dieu tiendra Ses promesses; ce qui nous fait comprendre que même quand Dieu promet quelque chose, si personne ne prie, Lui demandant de l'accomplir, il n'arrivera jamais. S'il était autrement, Daniel n'aurait pas besoin de prier.

Dans 2 Chroniques 20 :9, nous voyons que Josaphat présenta aussi cet argument. Le sien est tiré de 1 Rois 8 :33-35. Ces paroles furent prononcées par Dieu en réponse à la prière du roi Salomon lors de la dédicace du magnifique temple qu'il avait fait construire pour le culte du Seigneur. Dieu ne résistera pas à Sa Parole, car Lui et Sa Parole ne font qu'un; ce qui L'oblige toujours à respecter Sa Parole. À plusieurs reprises dans la Bible, nous voyons des gens utiliser les vertus de Dieu comme arguments dans leurs prières. Cela se voit beaucoup dans les Psaumes, tel le Psaume 51 où David demande à Dieu de lui pardonner à cause de son amour immense et Sa compassion.

m) Pourquoi devons-nous nous servir de la Parole?

Lorsque nous nous présentons devant Dieu avec sa Parole, cela prouve notre foi en sa Fidélité. Il est dit dans Nombres 23 :19 que Dieu n'est point un homme pour mentir, ni un fils d'un homme pour se repentir. Ce qu'il a dit, il le fera. Ce qu'il a déclaré, il l'exécutera. Après une telle déclaration de Dieu, il n'y a que l'incrédulité à outrance ou l'ignorance qui puisse faire que nous nous présentons devant lui sans sa Parole. Jacques 1 :10 dit qu'il n'y a en Dieu ni changement ni ombre de variation. Cela veut dire que sa nature ne change pas. La Fidélité est la nature de Dieu. Il est fidèle hier, aujourd'hui et éternellement.

Dieu dit dans Jérémie 1 :12 qu'Il veillera sur sa Parole afin de l'accomplir. À Chaque fois que nous passons une commande de la Parole de Dieu par les prières que nous Lui adressons, Dieu ne fera rien d'autre que l'exécuter.

Maître, enseigne-nous à prier!

Chapitre VII

Les obstacles à la prière

a) Quand le péché remplit notre vie

La Bible dit : Non, la Main de l'Éternel n'est pas trop courte pour sauver, ni Son Oreille trop dure pour entendre. Mais ce sont vos crimes qui mettent une séparation entre vous et votre Dieu; ce sont vos péchés qui vous cachent Sa Face et L'empêchent de vous écouter. (Ésaïe 59 :1,2)

Il faut remarquer que ce n'est pas que Dieu ne veut pas, mais qu'il ne peut pas. Dieu est Sainteté en essence. Sa nature ne peut tolérer le péché. Quand le péché est présent dans notre vie, c'est la porte de notre cœur que nous fermons à Dieu. Une autre vérité que nous pouvons apprendre est que la prière peut être bien faite, c'est-à-dire que tous les principes peuvent être respectés et que ce que nous demandons est selon la volonté de Dieu et que nous prions avec foi et pourtant nous ne sommes pas exaucés. Alors nous devons nous examiner pour voir si ce n'est pas à cause d'un péché. Car Dieu détourne Sa face à cause du péché, cela veut dire qu'Il ne peut plus nous regarder. Dans Jean 10 :30, Jésus dit : « *Moi et le Père, nous sommes un.* » Jésus montre la relation étroite qui existe entre lui et le Père. alors que Jésus était sur la croix, il a prononcé ces paroles : « *Mon Dieu, mon Dieu, pourquoi m'as-tu abandonné ?* » 2 Corinthiens 5 :21 montre que ce n'était pas à cause de Ses propres péchés, mais parce qu'à ce moment Il était couvert par le péché de l'humanité. Non seulement Il était couvert par le péché, Jésus s'est fait Lui-même péché. Immédiatement, Jésus avait porté le péché de l'humanité. Dieu ne pouvait donc Le supporter. Ainsi il mérite la mort car le salaire du péché, c'est la mort. C'est bien ce que réclame la justice divine. S'il en était ainsi pour Jésus, ce ne sera pas différent pour nous aujourd'hui. Quand le péché est présent dans notre vie, Dieu ne peut y venir.

Maître, enseigne-nous à prier!

Souvent, quand nous sommes en difficulté, nous pensons que Dieu n'est pas avec nous. Mais ce n'est pas vrai, car la Bible montre que lorsque nous traversons les eaux en crue, Il sera toujours avec nous; et les fleuves ne nous submergeront point. Lorsque nous marcherons dans le feu, nous ne nous brûlerons pas, et la flamme ne nous embrasera pas – Ésaïe 43 :2. Dieu ne nous abandonnera jamais au milieu de nos difficultés. La seule et unique chose capable de nous éloigner de Dieu, c'est le péché.

Quand le péché est présent dans notre vie, rien de ce que nous faisons n'a de valeur aux Yeux de Dieu. Nous n'avons même pas le droit d'entrer dans le temple. Les plus belles offrandes que nous pourrions donner ne représentent rien aux Yeux de Dieu. Nous les faisons en vain. Il en est de même de nos prières – Ésaïe 1 :10-17. Le péché a aussi parfois des conséquences collectives. Un seul homme pèche, mais toute une collectivité en paie les conséquences. Nous pouvons citer en exemple l'histoire d'Acan qui est relatée dans Josué 7. Acan vola une chose qui avait été dévouée par interdit selon l'ordre de l'Éternel, et ainsi il jeta le trouble parmi le peuple. L'armée alla se battre à deux reprises contre un tout petit pays. Celui-ci la vainquit à plate couture. Quand Josué vit cela, il alla consulter l'Éternel par la prière. Et l'Éternel lui dit : Israël a péché. C'est ce qui explique cette défaite. Dieu n'a pas dit qu'Acan avait péché, mais Israël, c'est-à-dire toute l'armée et toute la nation. Cela nous montre combien il est important de prendre toujours position contre le péché dans notre vie, dans notre famille, dans notre église et même dans notre pays. Le péché est un poison.

b) L'orgueil

L'orgueil est un péché qui peut nous faire prier mal. Quand nous sommes orgueilleux, cela peut nous faire paraître devant Dieu avec arrogance et nous faire croire que Dieu doit agréer notre demande, à cause de nos œuvres de justice, du culte que nous Lui rendons ou de notre vie de sainteté que nous pensons vivre. L'orgueil nous pousse à nous vanter devant Dieu et à mépriser ou juger les autres, comme cela se voit dans Luc 18 :9-14. Nous voyons comment le pharisien, dans sa prière, se vantait devant Dieu en vue de montrer comment, selon lui,

Il marchait et vivait conformément aux principes de Dieu. Il remercia Dieu de ce qu'il n'était ni voleur ni avide ni adultère comme les païens et ce publicain. Mais Jésus déclara que Dieu n'avait pas entendu la prière du pharisien car Sa vie était remplie d'orgueil. Aujourd'hui encore, nous trouvons ces types de chrétiens à l'église.

Il est important que nous nous présentions à Dieu avec beaucoup d'humilité. Car la Bible dit que Dieu résiste ou tient tête aux orgueilleux, mais Il fait grâce aux humbles – 1 Pierre 5 :5.

c) La haine, la rancune et le refus de pardonner

Quand nous manifestons de la haine et de la rancune envers les gens et que nous refusons de leur pardonner, nous nous identifions directement à Satan. La Bible déclare que tous ceux qui haïssent leur frère sont enfants du diable – 1 Jean 2 :9-11.

Quand l'amertume remplit notre cœur, nous sommes devenus incapables de prier Dieu. Même si nous prions, Dieu ne nous entendra pas. Pierre demanda à Jésus combien de fois il devait pardonner à son prochain. Il pensa qu'il ne devait le faire que sept fois, mais Jésus lui dit qu'il devait pardonner soixante-dix fois sept fois pendant un jour. Cela veut dire que nous devons toujours pardonner en toute occasion et en toute circonstance.

Quand nous refusons de pardonner, c'est nous qui payons les pots cassés. C'est pourquoi Jésus dit que même quand c'est la personne qui nous offense, nous devons lui demander pardon, la relâcher et ne pas lui garder rancune. Car quand il y a de l'offense dans notre vie, nous nous disqualifions pour entrer dans la présence de Dieu, et à ce moment même nos offrandes et les cultes que nous rendons à Dieu n'ont aucune importance à Ses yeux. Le psaume 24 dit que celui qui peut monter à la montagne de la prière est celui qui a les mains innocentes et le cœur pur.

d) Les conflits conjugaux

La discorde ou le désaccord est une grande entrave à la prière. La Bible dit que si deux ou trois se mettent d'accord pour demander quelque chose à Dieu, Il entendra et répondra. De même. S'il y a de la division parmi nous, cela restreindra nos prières. La Bible dit aussi que deux personnes qui ne s'entendent pas ne peuvent marcher ensemble – Amos 3 :3. Quand il y a mésentente dans un environnement, la présence de Dieu ne peut y demeurer. Jacques 3 :16 dit que là où il y a de la jalousie, de la dispute, de l'engueulade et du désordre, il y a toutes sortes de mauvaises actions et de mauvais esprits. Lorsque sous le toit conjugal, mari et femme s'engueulent interminablement, ils n'ont tous deux aucune disposition à prier ensemble, car l'atmosphère n'est pas propice à la Présence de sa Sainteté. Pierre encourage les maris à vivre en harmonie avec leurs femmes afin que rien ne vienne faire obstacle à leurs prières – 1 Pierre 3 :7.

e) Les mésententes familiales sont un grand danger

Le manque d'harmonie dans le cercle familial peut entraîner de graves conséquences. Si nous considérons la famille d'Abraham, nous voyons que le mari et la femme étaient au courant de la promesse. C'est la preuve que ces deux personnes étaient en harmonie spirituellement. Quand le temps s'écoulait et que rien ne se manifestait, ils se mirent d'accord pour tramer quelque chose qui déboucha sur la naissance d'Ismaël.

Quand nous considérons le cas d'Isaac, nous voyons que c'est différent. Rebecca avait reçu de Dieu des informations importantes sur les enfants. Isaac, son mari, les ignorait. On dirait une famille où le mari et la femme priaient séparément et personnellement. Un couple dont la vie dévotionnelle a été du genre « chacun pour soi ». Si Isaac était au courant que c'était Jacob qui était qualifié pour recevoir le droit d'aînesse, peut-être serait-il allé auprès de Dieu pour Lui demander comment procéder. Nous voyons que, par manque d'informations, Isaac allait contrarier le plan de Dieu quand il décida de bénir Ésaü comme fils aîné, selon les coutumes de l'époque. Rebecca et Jacob furent obligés de pécher maintenant pour que la chose se passe comme Dieu l'a voulu. Tout cela ne serait pas arrivé, s'ils avaient eu l'habitude de prier ensemble et de partager l'un avec l'autre le message reçu de Dieu. Puisque tout péché a des conséquences, Rebecca et Jacob subirent les conséquences de leur péché.

f) Les désaccords familiaux

Comment pouvons-nous expliquer cela ? Jacob était le fils préféré de Rebecca, alors que celle-ci mourut pendant son absence, car après son départ il n'eut jamais l'occasion de la revoir. Cependant, à son retour, son père était encore vivant. Quant à Jacob, nous savons les tribulations qu'il a dû subir chez son oncle Laban, et le plus grand malheur lui est arrivé dans sa vieillesse quand ses enfants ont vendu son fils préféré, Joseph, et lui ont fait croire qu'il avait été dévoré par les bêtes des champs.

Maris et femmes, il est crucial de développer les habitudes de prier ensemble, qu'il y ait une parfaite harmonie entre vous pour que Dieu prête l'oreille à vos prières. Il est aussi important que vous partagiez l'un avec l'autre ce que Dieu vous dit.

g) Le doute

Le doute est l'ennemi de la foi. Le doute fait exactement tout ce qui est contraire à la foi. Jacques affirme que celui qui prie et qui doute ressemble au flot de la mer, qui pousse de côté et d'autre. Il ajoute qu'une telle personne ne s'imagine pas en train de recevoir quoi que ce soit du Seigneur. Son irrésolution et son inconsistance sont déjà sa récompense. Le doute est un péché très grave. Quand nous doutons, nous remettons en question l'Ensemble des qualités de Dieu qui constituent en fait toute Son essence. On ne peut douter de Dieu sans s'interroger à propos de Son Immuabilité, de Sa fidélité, de Son Amour, de Sa bonté et de Sa Parole. La Bible dit que Dieu n'est point un homme pour mentir, ni le fils d'un homme pour changer d'avis. Ce que Sa bouche a dit, Sa main l'accomplira. Dans le doute, nous faisons menteuses les promesses de Dieu. La Bible dit que si nous sommes infidèles, Dieu demeure Fidèle, car Il ne peut Se renier Lui-même.

Maître, enseigne-nous à prier!

Quand nous doutons, nous disons que cette Parole de l'Écriture est mensongère. La Bible dit encore que notre Dieu est Miséricordieux jusqu'à mille générations. (Deutéronome 9 :7)

De plus, le doute fait Dieu menteur. Dans la culture haïtienne, l'incivilité la plus probante consiste à contredire en leur présence les parents, les vieillards ou toutes personnes plus âgées et peut être plus expérimentées que soi. À chaque fois que nous doutons de la Parole de Dieu, nous faisons preuve d'une obscénité à outrance et médisons de Lui. Nous disons que Dieu est un menteur et qu'Il n'est pas digne de confiance. Le péché qui condamna la génération des Israélites qui sortirent d'Égypte et qui causa leur mort dans le désert fut le doute. Aujourd'hui encore, ce péché a le même pouvoir. Si nous ne voulons pas mourir dans le désert de nos problèmes, sortons du gouffre de l'incrédulité! Rejetons le doute loin de nous!

h) La culpabilité

La culpabilité est le miroir au travers lequel nous voyons notre propre honte. En psychanalyse, c'est un sentiment d'angoisse dans lequel on s'attribue la responsabilité d'une erreur réelle ou imaginaire. C'est un sentiment d'infériorité que le diable a mis en nous pour nous faire sentir que nous sommes toujours coupables aux Yeux de Dieu et que nous ne pouvons jamais nous présenter devant Lui. Elle développe en nous une impression d'indignité et de fausse humilité. Certaines personnes, en effet, quand elles se présentent devant Dieu, disent des choses négatives sur eux-mêmes comme : Seigneur, nous sommes des tas d'immondices, des vers de terre, des chenilles et des mouches, ou ils demandent à Dieu de leur pardonner des péchés qu'ils n'ont jamais commis dans leur vie. La culpabilité nous fait demander pardon à Dieu pour le même péché des milliers de fois. C'est elle qui fait que beaucoup de gens terminent leurs prières en ces termes : Je sais n'être ni bon ni digne pour mériter Ta grâce. Tout ce qu'il faut que vous sachiez consiste en la conviction qu'à la croix Christ S'est fait péché pour nous, et qu'il est impensable et grossier de continuer à payer un prix qui a été acquitté par le Fils de Dieu. De plus, la culpabilité neutralise notre force spirituelle et annule nos prières.

i) L'énergie destructrice combinée de doute et de culpabilité.

Le doute et la culpabilité vont presque toujours de pair. On peut douter sans se sentir coupable, mais jamais on ne se sent coupable sans douter. Le doute est l'une des sources qui alimentent la culpabilité. Pour vaincre cette combinaison de forces destructrices, nous devons considérer la Parole de Dieu comme la Vérité absolue. Dieu le dit. Je l'accepte. Un point, c'est tout ! Nous devons croire de tout notre cœur en la Fidélité de Dieu et ne pas laisser le diable entrer dans notre cœur pour ne pas nous pousser à philosopher et à raisonner avec la Parole.

Prenons un exemple. La Bible dit que si nous confessons nos péchés à Dieu, Il est fidèle et juste pour nous les pardonner – 1 Jean 1 : 9. Le verset dit que dès que je confesse mes péchés, Dieu me pardonne. Il ne dit pas que Dieu me pardonnera après 5 ou 10 minutes, ni plus tard, ni jamais. Mais il a dit : Au moment même de reconnaître ma faute et la confesser, j'obtiens le pardon de Dieu. Il se peut que je ne reçoive pas encore le pardon des hommes. Il se peut même que je ne me pardonne pas encore, mais si j'ai demandé à Dieu de me pardonner, la Vérité, c'est qu'Il m'a pardonné. Le malin essaiera toujours de nous faire sentir encore coupable afin de nous emmener à douter de la Fidélité et de l'Amour de Dieu pour nous. C'est en ce sens que l'apôtre Jean, traitant des vertus chrétiennes, précise: « *Bien-aimés, si notre cœur nous condamne, Dieu est plus grand que notre cœur, et il connait toutes choses. Si notre cœur ne nous condamne pas, nous avons de l'assurance devant Dieu. Quoi que ce soit que nous demandions, nous le recevons de lui, parce que nous gardons ses commandements et faisons ce qui lui est agréable.* » (1 Jean 3 : 20-22)

Le diable peut toujours insister à envoyer ses serviteurs : le doute et la culpabilité, en vue de nous retenir au paroxysme de la vie victorieuse en Dieu, parce c'est de sa nature. Ne nous lui en voulons pas ! Car, si par la connaissance et la foi en la Parole de Dieu, nous continuons à leur faire mentalement objection, ils finiront par perdre de leur fougue et de leur intensité pour que puisse régner la paix intérieure que Christ nous a pourvue à la Croix. La Parole de Dieu dit que si nous résistons fermement le diable et ses serviteurs, ils ne pourront que fuir loin de nous. Jésus nous a donné l'exemple le plus décisoire en Matthieu

4, il s'ensuit par-là que notre seule résistance et toute notre force se trouvent enfouies dans la Parole de Dieu. Cette parole nous rassure que désormais, il n'y a point de condamnation pour quiconque se trouve représenté en Jésus-Christ. Or, si nous sommes en Christ, Dieu est pour nous. Et si Dieu est pour nous, qui pourra nous condamner ? C'est Dieu qui justifie.

j) Les raisons de notre motivation

À propos de nos nombreuses prières demeurées inexaucées, l'apôtre Jacques enseigne : « *Vous demandez et ne recevez pas, parce que vous demandez mal, dans le but de satisfaire vos convoitises.* » (**Jacques 4 :3**)

Les convoitises désignent tout ce qui ne s'accorde pas avec la Volonté de Dieu et Ses projets pour notre vie. Désir avide et abusif, la convoitise a une capacité énorme de nous enfoncer davantage dans la passion et l'illusion et ainsi, dans l'oubli que nous avons un Père bienfaisant, dont l'amour l'a obligé a élaboré des projets de paix et de bonheur pour notre vie. La Bible nous encourage à vivre au quotidien en vue de la gloire de Dieu (1 Corinthiens 10 :31). Et donc, lorsque nous prions, notre premier devoir est de nous assurer de la convenance de nos sentiments d'appropriation et de mesquinerie. Sans quoi, nous ne pourrons pas être sûrs d'avoir appliqué le commandement de Jésus en Matthieu 6 : 33, c'est-à-dire de classer tous les éléments de notre vie dans l'ordre des priorités agréées dans le Royaume de Dieu. Dieu n'est pas là pour financer nos petits projets égoïstes. Aussi personnelle que puisse paraître notre demande, si elle n'est envisagée à l'idée première de bénir le plus grand nombre, et ainsi glorifier Dieu, elle est trop égoïste et bien trop insensible pour être de la liste du plan de Dieu pour votre vie. Notre demande doit être inscrite dans la perspective du Royaume.

Est-il sage qu'un chrétien demande à Dieu un don particulier quand la Bible enseigne que c'est le Saint-Esprit qui distribue les dons au gré de sa volonté ? (1 Corinthiens 12 :11). Dans ce cas, la prière la mieux convenable devra être ceci : Seigneur, révèle-moi par ton Saint-Esprit le don que je suis appelé à exercer, aide-moi à l'identifier. Après l'avoir trouvé, le devoir de ce chrétien consistera à faire ce que l'apôtre avait recommandé au jeune Timothée, savoir : Ranime-le, perfectionne-le, c'est-à-dire d'étudier les disciplines qui en sont relatives et toutes autres notions connexes ce don en vue de l'exercer au mieux de son efficacité et avec beaucoup d'onction. Rappelons-nous toujours ceci : Avant de prier Dieu, nous devons d'abord examiner nos intentions afin de nous assurer que notre démarche n'est pas de prendre égoïstement avantage du système de Dieu en vue de notre seule satisfaction.

k) En désaccord avec la Parole de Dieu

Nous avons déjà fait cette approche quand nous traitions de l'illusion. Mais il est tellement important que nous voulons insister là-dessus à nouveau. Prier, c'est rappeler à Dieu Ses promesses. C'est pourquoi, dans l'ignorance de la Parole de Dieu, aucun homme n'est habilité à prier. Il vaudrait ne pas prier du tout que de prier mal. Quoique nous fassions, dans les deux cas nous obtiendrons le même résultat. Le seul secret de la prière consiste à prendre avantage de la connaissance de la Parole de Dieu. En d'autres mots, lorsque nous sommes à genoux, nous devons avoir la certitude d'être en train de réclamer des bénédictions que Dieu nous avait déjà données dans Sa Parole. Quand nous Lui rappelons Ses Promesses, Il répondra à cause de Sa Fidélité. Quand les Israélites étaient en Égypte, Dieu dit à Moïse : « *J'ai entendu le cri de mon peuple.* » Le mot hébreu traduisant cri, en français, veut dire également prière. Le peuple pria Dieu et lui rappela les promesses qu'il avait faites à Abraham cinq siècles auparavant en lui disant qu'il donnerait à ses descendants tout le pays de Canaan. Puisque la prière se fondait dans ses promesses, Dieu n'avait d'autres choix que d'y répondre favorablement.

À chaque fois que l'Éternel prit la résolution d'exterminer tout le peuple d'Israël dans le désert à cause de son incrédulité, Moïse s'appuya toujours sur l'argument de la promesse que Dieu avait faite à Abraham et aux autres patriarches, dans le but de défendre le peuple devant Dieu.

Dans Néhémie 1 :8-9, le serviteur se présenta devant Dieu avec une promesse spécifique qu'Il avait faite en Deutéronome 4 :25-27; Esdras 7 :3, et Lévitique 18 :25-27.

Maître, enseigne-nous à prier!

Le sacrificateur Zacharie, père de Jean-Baptiste, priant en Luc 1 : 67-79, rappelait à Dieu les Promesses qu'Il avait faite à Son peuple :

Le verset 69 est une citation du Psaume 72 :12; d'Ésaïe 40 :10; de Jérémie 23 :6 ; 30 :10 et de Daniel 9 :27.

Le verset 73 est une citation qu'expliquent: Genèse 22 :16; Psaume. 105 :9 et Jérémie. 31 :33.
Le verset 76 s'allie avec celui de Malachie 4 :5.

Le verset 79 est un rappel de Malachie 4 :2.

Quand au verset 79, c'est un ensemble de versets tirés d'Ésaïe 9 :1; 42 :7; 43 :8; 49 :9; 60 :1.

Dans le livre des Actes des Apôtres, nous voyons les disciples, dans une prière, citer une parole de David tirée du Psaume 2 :1.

Nous pourrions considérer cela comme un exemple extraordinaire. Étienne, dans Actes 7 :59,60, fit une courte prière, mais ce fut une citation du Psaume 31 :6.

Tout ce qui importe dans une prière convenable consiste à nous présenter devant Dieu dans la connaissance de sa Parole et l'entière assurance de sa Fidélité. Car Dieu endosse toujours la responsabilité des promesses contenues dans Sa Parole. Dieu et Sa Parole sont un, ce qui l'oblige à toujours la respecter. Autrement, il se défierait lui-même. En déclarant la Parole de Dieu avec foi, nous l'impliquons dans les démarches capables de changer notre monde. C'est cela participer avec Dieu, c'est-à-dire lui permettre de restaurer son Règne sur notre Terre.

l) En désaccord avec nous-mêmes

Jésus, enseignant dans l'évangile selon Marc 11 : 24, donne une mise en garde. Nous devons faire attention après avoir prié à propos d'un besoin de ne pas le nier ensuite: Tout ce que vous demanderez en priant, croyez que vous l'avez reçu. En d'autres termes, avant de voir l'accomplissement des promesses de Dieu, nous devons nous les représenter mentalement. Ce principe concorde parfaitement à la définition de la foi donnée en Hébreux 11 :6. Car si la foi est une conviction intime, elle doit forcément créer l'image mentale de notre attente. Essayez de faire l'expérience de désirer une voiture que vous aimez, vous verrez bien que pendant que votre désir se complète de l'intérieur, toutes les voitures de cette marque viendront constamment se présenter vous. Vous allez commencer à voir beaucoup de personnes la posséder et la désirer. Cela est le catalyseur qui matérialisera votre désir, maintenez-le ! Car l'image qui domine votre pensée, c'est celle dont vous ferez l'expérience.

Les philosophes grecs ont une pensée qui dit : « *Il faut penser sa parole avant de parler sa pensée.* » Cela veut dire que lorsque quelqu'un parle, il ne fait qu'exprimer les images de sa pensée. Ainsi nous pouvons dire que la foi de quelqu'un est toujours exprimée dans ses paroles. Quand nous demandons à Dieu quelque chose selon sa volonté, nous devons créer l'image de la réponse à la prière dans notre pensée. C'est ce qui va nous permettre de parler conformément à cette prière afin de ne pas la contredire. Si, après avoir prié, nous laissons le doute remplir notre pensée nous allons exprimer ce doute par nos paroles, et ainsi créer un désaccord qui ne pourra que neutraliser le processus de la matérialisation qui se complétait dans l'invisible. Hébreux 11 :6 rappelle que dans l'attente de notre exaucement, nous devons avoir deux comportements. Dans premier temps, nous assurer de la conformité de notre attente à la lumière de la Parole de Dieu et démontrer dans un second temps cette assurance par des expressions, des décisions et des paroles appropriées. Nous devons être dans notre corps tels que nous sommes dans notre esprit. (Proverbes 23 : 7). Après avoir prié, nous devons remplacer la première image par celle de notre de désir. Si nous laissons les vieilles images occuper l'écran de notre pensée, Dieu ne sera pas capable de matérialiser notre espérance, parce que l'image qui domine notre pensée crée une confusion entre notre attente et la réalité que nous voulons changer. Or, Dieu ne se meut jamais dans la confusion ni le dans désordre. Lorsque notre pensée ne s'aligne pas sur nos actions et nos paroles, nous créons une méprise d'ordre spirituel qui défie notre foi en Dieu. Quand, au contraire, la réalité de notre pensée est la même que celle de notre expression extérieure, Dieu devient libre d'agir et manifeste promptement ses Promesses.

m) La paresse

Une lecture du livre des Proverbes nous montre combien Dieu n'est pas favorable aux paresseux. (Proverbes 21 :25; 24 :32-34) La paresse est l'une des armes utilisée par Satan pour nous faire gaspiller notre vie et perdre les promesses de Dieu. En répugnant les actions qui collaborent à la matérialisation de notre foi, nous ne donnons aucune semence à Dieu qui était prédisposé à nous la multiplier et nous la retourner. La Bible dit : « *L'année de la famine, Isaac sema dans ce pays, et il recueillit cette même année le centuple ; car Dieu le bénit. Cet homme devint riche, il alla s'enrichissant de plus en plus, jusqu'à ce qu'il devint fort riche.* » (Genèse 26 : 12-13)

En plus d'être l'absence d'engouement et de motivation à l'effort physique, la paresse présente aussi un aspect spirituel. Beaucoup de chrétiens sont spirituellement paresseux. Ils sont lents à la lecture et l'étude de la Parole de Dieu, ils ne prient que rarement et toujours insuffisamment et ne vont à l'église qu'occasionnellement. La paresse spirituelle va de pair avec l'ignorance et une foi chétive et inconsistante. La Bible nous dit que lorsque nous sommes paresseux spirituellement, nous risquons de perdre tous les efforts physiques auxquels nous avons consacré tellement d'énergie et de vigueur. Le Psaume 127 : 2 nous dit que c'est une vanité de se lever tôt matin, se coucher tard le soir, et manger le pain de douleur. Dieu donne autant à ses bien-aimés (ceux qui sont diligents spirituellement) pendant leur sommeil. Un chrétien qui a la paresse de prier perd beaucoup de temps. Etudions une comparaison : Supposons que vous habitiez Port-au-Prince et que vous désirez vous rendre aux Cayes* pour voir un ami que vous avez perdu de vue il y a belle lurette. Se rendre dans la plus grande ville du Sud requiert de l'énergie physique, de l'argent pour payer le transport et du temps sans omettre les risques éventuels d'accident de la route. Il est possible de rejoindre cet ami, sans qu'il ne soit nécessaire de dépenser cette énergie et cet argent, en économisant votre temps et vous épargnant ces risques. Un coup de fil de dix à quinze minutes pourra suffire à vous procurer plus ou moins la même satisfaction et parler à la mesure de votre argent à cet ami qui lui aussi sera quand même satisfait. Seule la diligence spirituelle peut nous procurer autant davantage. Nous n'avons pas besoin de nous tracasser la tête ici et là pour subvenir à un pain quotidien, car dans notre sommeil, c'est-à-dire dans l'attente et l'assurance de voir la Fidélité de Dieu, nous sommes pourvus au-delà de nos espérances. De même que ce coup de fil était le raccourci qui permet d'étancher la soif de communiquer avec cet ami, de même aussi la diligence spirituelle sera un excellent raccourci vers la matérialisation des promesses de Dieu pour notre vie.

n) La fatigue

Un autre ennemi de la prière est la fatigue. Quand nous sommes fatigués, c'est au prix de grands efforts que nous arrivons à prier. C'est ce qui fait que beaucoup de chrétiens s'endorment sans avoir prié. Nous devons apprendre à nous discipliner pour ce qui est du travail et de la gestion de notre temps. Nous consacrons souvent la meilleure partie de notre journée à d'autres activités et c'est avec le marc que nous nous présentons à Dieu le soir. Nous devons nous rappeler que les résultats de nos travaux dépendent de la qualité de notre relation avec Dieu. Or le meilleur moyen de garantir cette relation et l'accroître, c'est de passer du temps en la présence de Dieu.

Il faut toujours nous rappeler que toute notre assistance vient de Dieu. Nous obtiendrons Sa protection seulement si nous la Lui demandons par la prière. Si nous ne prions pas, Dieu n'ordonnera jamais à Ses anges d'assurer notre protection, car ceux-ci n'opèrent que sur les ordres qu'ils reçoivent de Dieu en faveur d'un enfant qui s'était agenouillé dans la prière. Lorsque nous permettons à la fatigue de nous miner, c'est nous-mêmes, notre famille et tout ce que nous appartient qui en paieront les conséquences.

Maître, enseigne-nous à prier!

o) La distraction

La distraction est un autre obstacle à la prière. Nous connaissons deux types de distraction : une distraction mentale qui résulte d'un désordre de pensées et de sentiments et une distraction extérieure qui dérive des bruits et des négations de notre entourage ou de notre milieu interne, cela veut dire qu'elle se passe dans notre pensée et une externe parce que cela a rapport avec l'environnement qui nous entoure : la radio qui joue, les enfants qui font du bruit, les gens du voisinage qui lancent des injures...

Pour éviter les distractions externes, on n'a qu'à se déplacer ou l'ignorer et prier normalement. Si vous êtes persévérant, Dieu vous donnera la victoire : soit que les gens se convertissent, soit qu'eux ou vous quittiez l'environnement.

Quant aux distractions internes, c'est un autre combat. Nous devons faire pression sur notre pensée de manière à la tenir concentrée sur ce que nous faisons. La prière est considérée comme une communication dans le sens de dialogue, c'est-à-dire un échange de paroles entre personnes. Vous devez bien penser les mots que vous dites dans la prière et ils doivent avoir un sens pour vous. Vous devez toujours veiller sur votre pensée, car à n'importe quel moment elle peut s'évader. Ne priez pas secrètement, mais priez à haute voix de manière à vous entendre vous-même.

Considérez Dieu comme quelqu'un qui se tient debout ou assis devant vous et à qui vous expliquez quelque chose. Vous pouvez être certain que Dieu accorde toujours toute son attention à ce que vous dites. Il n'y a aucun doute là-dessus. Nous devons aussi discipliner notre pensée quand nous communiquons avec Dieu.

Imaginez que vous alliez passer un entretien d'embauche. Pouvez-vous vous offrir le luxe d'être distrait ou de ne pas prêter attention à ce que vous dites en parlant avec le patron ? Ou de dire des choses (paroles) hors de propos, etc. ? Résultat, vous savez déjà que vous n'aurez pas le boulot. Il se peut que vous ayez un bon curriculum vitae, mais votre attitude lors de l'entretien a remis en question toutes les informations qu'il fournit.

Considérez de plus quelqu'un qui vous parle en s'occupant en même temps de ses propres affaires. Il crie après les enfants, les bat, vocifère et peste contre ceux qui travaillent avec lui alors qu'il vous parle. Se montre-t-il respectueux envers vous ? Non, cela témoigne de l'irrespect. De la même manière, s'il y a tout ce désordre dans notre pensée, c'est la preuve que nous ne respectons pas Dieu. Quand nous résolvons les problèmes de distraction interne, les distractions externes ne sont plus un problème majeur. Au marché, dans l'habitacle de l'autobus, dans la classe, au bureau, au milieu des palabres et des bruits, vous pouvez prier en secret et être en pleine conversation avec Dieu.

Maître, enseigne-nous à prier!

Chapitre VIII

I. *Les différents types de prières*

Dans Éphésiens 4 :18, la Bible nous recommande de faire constamment toutes sortes de prières, et de les faire avec une entière persévérance. Combien y a-t-il de sortes de prières ? Comment les appelle-t-on ? Quelle est leur utilité ? Telles sont les questions auxquelles nous nous proposons de répondre dans ce chapitre.

a) Demandes et requêtes

Le vrai sens de ces mots est la prière. C'est une sorte de prière qui présente nos besoins à Dieu. Philippiens 4 : 6 dit que nous devons toujours faire connaître nos besoins à Dieu par des prières. Jésus nous a donné la garantie que si nous demandons n'importe quoi en Son nom, Il fera – Jean 14 :13.

b) Supplications

La supplication est une prière très instante, faite avec la conviction que la personne à qui on adresse la requête a assez de pouvoir de l'exaucer et qu'elle est la seule à pouvoir le faire. La prière de supplication montre combien la réponse est vraiment importante et nécessaire pour celui qui prie. Nous avons cependant besoin de beaucoup d'humilité pour faire ce genre de prière.

Regardons une partie de la prière de supplications faite par Daniel dans Daniel 9 :18,19. Nous voyons que Daniel dit que ce n'est pas à cause de sa bonté ou de sa justice qu'il présente à Dieu ses supplications, mais à cause de Ses grandes compassions. Il est important que l'on apporte cette précision : Daniel a vécu avant la venue de Jésus sur la terre. A cette époque, personne n'était réellement juste devant Dieu, ce n'était pas encore le temps de la justification par la foi en Jésus-Christ. Il était normal que Daniel prie ainsi. Mais aujourd'hui lorsque nous prions Dieu, nous n'avons plus besoin de terminer nos prières par les mots : ce n'est pas à cause de notre bonté ou de notre justice, ce n'est pas en vertu de nos mérites. Car nous qui croyons maintenant en Jésus nous sommes justifiés et Jésus est notre justice et notre entière garantie auprès de Dieu. Romains 5 :1; 1 Co. 1 :30.

c) Lamentations (gémissements)

Les lamentations (*gémissements*) sont une prière dans laquelle celui qui prie expose ses douleurs devant Dieu. C'est le cri d'un cœur en souffrance qui gémit devant Dieu. Le plus bel exemple de lamentation que nous trouvons dans la Bible est quand Anne, la mère du prophète Samuel, priait dans la tente d'Assignation. Elle se lamentait avec tant d'insistance (*tellement profondément*) que même le sacrificateur Élie ne la comprenait pas. Lorsque le sacrificateur lui adressa la parole, comprenant qu'elle était saoule (ivre), Anne lui répondit : « *Non, mon seigneur, je suis une femme qui souffre en son cœur, et je n'ai bu ni vin ni boisson enivrante; mais je répandais mon âme devant l'Éternel.* » 1 Samuel 1 :15,16.

Dans le Psaume 55 :2 nous voyons David prier ainsi. Le Psaume 102 est un excellent (beau) psaume de lamentation.

d) Soupirs

Le soupir est un sentiment qui montre la façon dont quelqu'un est accablé. Quand un chrétien pousse des soupirs, Dieu les reçoit comme une prière. Car le chrétien peut se trouver dans une souffrance telle qu'il ne trouve pas les mots pour prier. Ainsi ses soupirs montent devant Dieu comme s'il avait prié.

Romains 8 :26 dit : « *Souvent nous ne savons pas ce qu'il nous convient de demander dans nos prières.* » Cela veut dire que le chrétien se trouve parfois dans des situations où il ne sait quoi demander à Dieu dans ses prières. Le Saint-Esprit vient alors le secourir dans ces

I. Les différents types de prières

moments de faiblesse, le portant ou l'aidant à tout confier à Dieu. Ce que nous exprimons à Dieu par nos soupirs ne peut être jamais exprimé dans une langue humaine. Le verset 27 nous dévoile la grande efficacité de cette prière.

Nous savons déjà que, selon 1 Jean 5 :14, ce n'est que lorsque nous prions selon la volonté de Dieu qu'Il nous écoute. Romains 8 :27 dit que les soupirs sont une prière formulée par le Saint-Esprit Lui-même, une prière parfaite car c'est toujours en accord avec la volonté de Dieu qu'Il intercède pour les saints. Peut-être est-ce pourquoi nous voyons que certains miracles sont accomplis dans nos vies. Quand ils se sont produits, c'est exactement ce dont nous avions besoin à ce moment alors que nous ne nous sommes même pas souvenus du moment où nous avons prié et demandé à Dieu d'agir pour nous. Rappelez-vous que le Saint-Esprit est là pour nous aider à prier aussi.

Lamentations 3 :56 nous montre que les serviteurs de Dieu dans l'Ancien Testament avaient aussi l'habitude de faire ces prières. Nous voyons Jérémie demander à Dieu de prêter l'oreille à la voix de ses supplications (soupirs). La lecture des livres de Jérémie et des Lamentations nous permet de voir combien la situation dans laquelle vivait le prophète Jérémie était difficile. Ce qui laisse entendre que Jérémie avait souvent recours à cette forme de prière appelée soupir. Le terme de lamentation même signifie gémissement ou soupir.

Dans Marc 7 :34, nous trouvons que Jésus Lui-même pria ainsi avant d'opérer un double miracle. Nous pouvons comprendre que cette prière est effectivement très efficace.

Dans Marc 8 :12, nous voyons Jésus pousser un nouveau soupir face à l'incrédulité des gens. Quand nous voulons à tout prix une chose, cela nous pousse parfois à soupirer.

Dans le Psaume 119 :131, le serviteur dit : " *J'ouvre la bouche et je soupire, car je suis avide de tes commandements.* "

Maître, enseigne-nous à prier!

Romains 8 :22,23 nous dit que la création tout entière et tous les saints gémissent et soupirent à l'idée de voir tout l'univers redevenir ce que Dieu avait voulu qu'il soit originellement, avant le péché d'Adam.

e) Les soupirs de tous sont-ils des prières ?

Rien dans la Bible ne garantit que Dieu entend les prières de tous exprimées sous forme de soupirs. Comme nous l'avons déjà vu, Dieu n'entend pas la prière de celui qui n'est pas Son enfant et Il n'entendra même pas la prière de Ses enfants s'ils ont un péché dans leur vie.

Romains 8 :26 nous dit également que les soupirs que Dieu accepte comme des prières sont ceux formulés par le Saint-Esprit pour le croyant. Donc si le Saint-Esprit n'y prend pas part, on peut comprendre que l'affaire est déjà vouée à l'échec car le Saint-Esprit ne demeure pas en tous. Le verset 27, pour sa part, dit que c'est conformément à la volonté de Dieu que le Saint-Esprit intercède en faveur de ceux qui appartiennent à Dieu. Il intercède pour les saints, non pas pour tout le monde en général.

f) Cris

Un cri est un son aigu que quelqu'un produit avec la bouche. Ce son est plein de violence. Un cri est un appel d'urgence (SOS) envoyé par quelqu'un pour quelqu'un d'autre lui vienne en aide. L'objectif de celui qui pousse ce cri est d'attirer l'attention des autres sur lui.

Dans 2 Samuel 22 :7, le prophète dit : Dans ma détresse, j'ai invoqué l'Éternel, j'ai invoqué mon Dieu; de son palais, il a entendu ma voix, et mon cri est parvenu à ses oreilles.

Dans le Psaume 18 :7, David dit : « *Dans ma détresse, j'ai invoqué l'Éternel, j'ai crié à mon Dieu; de son palais, il a entendu ma voix, et mon cri est parvenu devant lui à ses oreilles.* »

Dans le Psaume 22 :2, nous voyons le serviteur se plaindre et dire : « *Mon Dieu, mon Dieu, pourquoi m'as-tu abandonné, et t'éloignes-*

I. Les différents types de prières

tu sans me secourir, sans écouter mes plaintes? » Nous pouvons donc comprendre que le cri est une autre manière *(façon)* de prier. A plusieurs endroits dans la Bible, principalement dans les Psaumes, nous trouvons des gens qui ont prié de cette manière. Aujourd'hui, quand nous sommes en butte à des difficultés ou confrontés à des problèmes, peut-être que tout ce que nous pouvons faire est de pousser un cri en laçant un S.O.S. à Jésus. Ce cri ne fait que transmettre à Dieu toutes nos souffrances, tous nos bouleversements, tous nos tracas et quand Dieu entend, Il ne demeure pas dans le silence, Il nous apporte le secours dont nous Éphésiens 6 : 12 avons besoin.

g) Combat

Le combat est une autre forme de prière. C'est une lutte que nous engageons contre les puissances diaboliques dans les lieux célestes, tel que Éphésiens 6 : 12 le dit. Dans ce passage, nous voyons que Paul ajoute la prière immédiatement après qu'il ait fini d'énumérer toutes les armes de guerre. Il est important que nous comprenions que les problèmes sont d'abord spirituels et qu'ils se manifestent ensuite dans le monde physique. Si nous nous plaisons à ne les traiter que d'une manière physique, jusqu'à ce que nous nous attaquions à leurs sources, ils ne seront jamais résolus.

Dans Éphésiens 6, l'apôtre Paul dit que nous ne luttons pas contre la chair et le sang (le monde physique), mais plutôt contre les principautés infernales qui ont établi leur quartier général dans l'espace. Nous pouvons être parfois obligés de mener la lutte (le combat) sur deux fronts.

Quand les Israélites combattaient les Amalécites, nous voyons que Josué menait le combat physique tandis que Moïse, lui, menait le combat spirituel. De plus, nous remarquons que la victoire physique dépend de la victoire spirituelle. Nous voyons bien que dans le combat spirituel, Israël eut le dessus. Nous pouvons ainsi comprendre que nos victoires ou défaites sont d'abord spirituelles avant qu'elles ne se matérialisent ou ne deviennent physiques. Un malheur (incident) peut vous arriver pendant la journée parce que vous étiez tellement pressé que vous n'avez pas prié avant de sortir. C'est une victoire spirituelle que Satan a remportée sur vous. Quand vous ne priez pas avant de sortir, vous n'êtes pas protégé. Les anges ne recevant pas l'ordre de vous escorter, Satan a donc le droit de vous faire n'importe quoi. Il est vrai que sur le moment il peut ne pas avoir le droit de vous tuer mais il a la liberté de vous causer des ennuis au point que la journée devienne un véritable enfer pour vous.

De même, lorsque vous allez dormir sans avoir prié en vue de vous protéger (couvrir), de protéger (couvrir) votre famille et ce que vous possédez par le sang de Jésus, c'est comme si vous alliez dormir avec les portes et les barrières de votre maison grandement ouvertes. Alors les mauvais esprits viennent nuire à vos enfants et à vous-même pendant la nuit. La raison est que les anges n'ayant pas reçu l'ordre de protéger votre maison ou votre business, vous êtes sans protection. Qui pis est, des voleurs peuvent cambrioler votre maison cette nuit-là.

Nous devons mener le combat sur deux fronts. Le combat spirituel est plus important que le combat physique. Jésus a dit dans Matthieu 16 :18,19 que tout ce que nous lierons sur la terre sera lié dans les cieux et tout ce que nous délierons sur la terre sera délié dans les cieux. Nous devons savoir que tout ce qui se produit dans le monde physique est la manifestation d'une chose qui arrive dans le monde spirituel, lequel est invisible mais bien réel.

Dans Colossiens 4 :2, Paul rapporte comment le frère Épaphras combattit pour les frères de Colosses dans la prière.
Dans Romains 15 :30, Paul appelle les Romains à l'aider à combattre dans la prière.

h) Intercession

L'intercession est une forme de prière très particulière et très importante. Intercéder, c'est se tenir à l'instar d'un médiateur entre Dieu et quelqu'un d'autre. C'est chercher la faveur de Dieu pour quelqu'un d'autre. C'est se tenir entre satan et quelqu'un d'autre en vue de défendre celui-ci.

I. Les différents types de prières

Quand nous intercédons, nous recherchons la bénédiction de Dieu pour les autres. C'est un ministère qui a beaucoup de valeur quand nous prions pour ceux que nous aimons ou pour ceux que Dieu aime, spécialement son Église. La Parole de Dieu nous encourage à prier même pour ceux qui nous ont fait du mal et qui nous persécutent. Matthieu 5 :44.

Dans Ésaïe, la Parole avait dit que lorsque le Christ viendrait Il intercéderait pour les coupables – Ésaïe 7 :10. Alors qu'il était attaché à la croix, Christ pria ainsi pour ses bourreaux : père, pardonne-leur car ils ne savent pas ce qu'ils font.

Dans Actes 7 :60, Étienne pria pour demander à Dieu de pardonner à ceux qui le lapidaient.

La Bible est émaillée d'exemples de personnes qui prièrent Dieu en faveur des autres. Cependant, ils se présentèrent devant Dieu avec beaucoup de révérence et d'humilité, car nous ne pouvons donner des ordres à Dieu.

Dans l'Ancien Testament, Moïse remplit ce rôle avec beaucoup d'efficacité. C'est pourquoi tout le peuple ne mourut pas dans le désert. Dans Exode 32, après l'histoire du veau d'or, c'est grâce à l'intercession de Moïse que la colère de Dieu ne frappa pas le peuple par la mort. Alors Moïse se tint devant Dieu avec les promesses qu'Il avait faites aux ancêtres concernant leurs descendants. V. 13. Dans ces mêmes circonstances, Moïse intercéda pour Aaron, le souverain sacrificateur, pour que Dieu ne le tue pas. Deutéronome 9 :20.

Un peu plus loin, dans le livre des Nombres 14, après que les espions eurent fait un mauvais rapport concernant le pays de Canaan que Moïse les avait envoyés explorer, le peuple murmura tellement contre Moïse et contre l'Éternel qu'il méprisa le pays. Dieu avait résolu d'en finir avec le peuple à ce moment et de se former un nouveau peuple avec les descendants de Moïse. Mais une fois de plus, celui-ci se tint à la brèche devant Dieu en faveur du peuple. Dieu l'exauça à nouveau et pardonna au peuple. Cependant, Dieu dit à Moïse que la génération qui

Maître, enseigne-nous à prier!

était sortie d'Égypte et qui avait été témoin du passage miraculeux de la mer Rouge, serait exterminée dans le désert; ce serait leurs enfants, et non eux, qui entreraient dans le pays de Canaan.

Après que le peuple eut excité la colère de l'Éternel en demandant à Samuel de leur donner un roi, le prophète-sacrificateur intercéda et implora la grâce de Dieu pour eux. 1 Samuel 7 :5-9.

Lors de la dédicace du temple qu'il avait construit en l'honneur de l'Éternel, Salomon fit une prière d'intercession prophétique, c'est-à-dire une prière qui serait bénéfique aux générations d'Israélites à venir. 1 Rois 8 :46-50.

Ils sont nombreux les noms des serviteurs de Dieu de l'Ancien Testament que nous pourrions citer, qui intercédaient pour le peuple auprès de Dieu.

La prière d'intercession exige beaucoup de bon sens, car il faut que ce qu'on demande soit en parfait accord avec les projets que Dieu a formés sur celui ou ceux pour lesquels on intercède. Dieu entendra et exaucera cette prière, comme nous l'avons déjà vu.

Romains 8 :26 nous dit que le Saint-Esprit intercède pour nous. Il est écrit dans Hébreux que Jésus-Christ intercède pour nous à la droite de Dieu le Père dans les cieux. Hébreux 7 :21 et Romains 8 :34 disent que nous devons être pleins d'assurance pour être secourus dans nos besoins. Jésus, notre souverain sacrificateur, est bel et bien vivant pour intercéder en notre faveur auprès de Dieu.

i) Qu'est-ce qu'un intercesseur?

Un intercesseur est quelqu'un à qui Dieu a donné une capacité spéciale de prier régulièrement, sans s'arrêter, pendant longtemps, pour quelqu'un ou pour le changement d'une situation. Celui qui a le don d'intercession obtient souvent réponse à ses prières et ses réponses correspondent souvent exactement à l'objet de ses requêtes (ce qu'il demandait dans ses prières), contrairement à d'autres chrétiens.

j) Caractéristiques d'un intercesseur

Un intercesseur :

- a un désir sincère de prier pour les autres ou pour d'autres causes dans lesquelles il n'a aucun intérêt;
- est toujours conscient qu'il existe un combat spirituel entre le royaume de Dieu et celui de Satan. Ce sentiment le pousse toujours à prier.
- a la ferme conviction que Dieu exauce toujours les prières de Ses enfants;
- obéit toujours au Saint-Esprit quand Il lui demande de prier, qu'il connaisse la raison ou pas;
- prend plaisir à prier pour les autres, pour qu'ils puissent être bien outillés et mieux accomplir le travail de Dieu.

k) Personnalité d'un intercesseur

Un intercesseur :
- aime prier.
- croit en la prière.
- aime donner (prêter) son attention aux autres.
- est sensible aux besoins des autres.
- a beaucoup de sensibilité spirituelle.
- est disponible pour prier.
- est quelqu'un à qui on peut faire confiance.

l) Les faiblesses possibles d'un intercesseur

Un intercesseur :

- croit parfois que les gens n'apprécient pas son don à la dimension de la valeur qu'il représente pour l'église.
- peut devenir orgueilleux spirituellement, croyant qu'il est plus spirituel (saint) que tout le monde parce qu'il entretient de solides relations avec Dieu dans la prière (se frotte beaucoup à Dieu dans ses prières).

Maître, enseigne-nous à prier!

m) Confession

Il y a confession lorsque quelqu'un déclare (expose) un acte qu'il a commis. Dans le domaine de la prière, c'est quand nous nous tenons devant Dieu et déclarons l'une après l'autre les fautes que nous avons commises. Confesser ses péchés est une chose, demander pardon en est une autre; nous ne serons pas pardonnés si nous ne nous confessons pas.

Dans Lévitique 5 :14-19, la Parole dit que celui qui a péché doit confesser (déclarer) son péché, ensuite le sacrificateur présentera pour lui à Dieu le sacrifice de culpabilité.

1 Jean 1 :9 dit que si nous confessons nos péchés, Dieu est fidèle et juste pour nous les pardonner et pour nous purifier de toute iniquité. Le verset ne nous dit pas de demander pardon, mais de confesser nos péchés en vue de trouver le pardon nécessaire pour que notre relation avec Dieu redevienne à la normale.

Proverbes 28 :13 dit que celui qui cache ses transgressions ne prospère point, mais celui qui les avoue et les délaisse obtient miséricorde.

Jacques 5 :15,16 nous demande de confesser nos péchés les uns aux autres. Ce n'est pas une chose que nous pouvons faire n'importe comment. Si le péché concerne la personne, on peut aller la trouver, confesser le tort qu'on lui a causé et lui demander pardon. Mais il y a d'autres péchés dont la confession doit se faire en présence d'un chrétien mûr; dans le cas contraire, on fera beaucoup plus de tort que de réparation.

La Bible regorge de cas où une seule personne s'est présentée devant Dieu pour confesser les péchés de tout le peuple. On peut citer en exemple Moïse, Néhémie, Esdras, Daniel…

La confession a aussi le sens de quelque chose qu'on affirme ou déclare publiquement. Si tu confesses de ta bouche le Seigneur Jésus, et si tu crois dans ton cœur que Dieu L'a ressuscité des morts, tu seras sauvé. (Ro. 10 :9).

I. Les différents types de prières

n) Humiliation

Si la confession est un acte que nous posons, l'humiliation est une attitude ou une disposition de cœur qui dénote un esprit d'affliction à cause d'un péché que nous avons commis. En nous humiliant, nous jugeons les mauvaises actions que nous avons commises à la manière de Dieu. Les manquements personnels, les inconséquences, l'infidélité sont, entre autres, les choses de la vie qui nous conduisent souvent à cette forme de prière.

Dans 1 Rois 21 :29, après que Dieu eut prononcé une malédiction par la bouche du prophète Élie sur le roi Achab à la suite d'une mauvaise action qu'il avait commise, Achab s'humilia devant Dieu et en conséquence Dieu ne laissa pas le malheur arriver de son vivant.

Dans 2 Chroniques 32 :26, nous voyons également Ezéchias et tout le peuple hiérosolomytain s'humilier devant Dieu qui leur fit grâce. 2 Chroniques 33 :12,13 dit que lorsque le roi Manassé aperçut qu'il était dans de beaux draps, il alla s'humilier devant l'Éternel et Dieu entendit sa prière.

1 Pierre 5 :6 nous dit de nous humilier sous la puissante main de Dieu afin qu'Il nous élève au temps convenable.

L'humiliation demande que nous reconnaissions notre état devant Dieu. Il ne s'agit pas de plaindre notre sort pour tomber dans le découragement, mais plutôt de tourner nos regards vers Dieu, la source de notre force, pour être secourus dans nos besoins.

De même qu'il y a une humiliation personnelle, il y a aussi une humiliation collective. Une des vérités fondamentales que nous révèle l'apôtre Paul dans sa première lettre aux Corinthiens est que l'Église est semblable à un corps. Tout comme les membres de nos corps sont unis les uns aux autres, l'Église du Seigneur doit être unie de la même manière. 1 Corinthiens 12 :26. Une mauvaise action commise par un seul membre du corps peut mettre tout le corps dans une situation difficile devant Dieu. Dans 1 Corinthiens 5 :2, Paul exhorte l'Église à s'humilier à cause de l'action incestueuse du frère au lieu de s'enorgueillir spirituellement. Cela veut dire qu'aux yeux de Dieu lorsqu'un membre du corps commet un péché, c'est tout le corps qui en est affecté. C'est pour cela que tout le corps doit s'humilier devant Dieu.

Dans Josué 7, nous trouvons un bel exemple d'humiliation collective. Dans ce passage, il va de soi que seul Acan avait pris ce qui avait été dévoué par interdit mais c'est toute l'armée qui fut sanctionnée et d'autres personnes commencèrent à périr. Quand Josué consulta Dieu pour s'enquérir de ce qui se passait, Dieu ne lui dit pas que quelqu'un avait péché mais qu'Israël avait péché. C'est la nation tout entière qui se rendit coupable devant Dieu. Josué et tout le peuple s'humilièrent devant Dieu, le coupable, Acan, fut trouvé et lapidé par le peuple.

Quand nous nous humilions, nous voyons la gravité de nos péchés et les traitons en tant que tels. Il ne peut y avoir de cohabitation avec le péché; il doit être chassé de notre vie.

La Parole de Dieu nous montre aussi que parfois une seule personne peut faire sien le péché de tout un peuple et se sentir obligé de s'humilier devant Dieu en vue d'obtenir miséricorde pour le peuple. C'est ce que nous trouvons dans le livre d'Esdras : le comportement du peuple laissait tellement à désirer qu'Esdras déchira ses vêtements, se fondit en larmes et s'affligea à cause du péché du peuple. Au chapitre 9 :6, il exprima les sentiments qu'il éprouvait devant Dieu; ce qui amena le peuple à prendre conscience de son état devant Dieu et à prendre des dispositions à changer de comportement.

o) Les actions de grâces (prières de reconnaissance)

Les actions de grâces sont la manifestation de notre reconnaissance envers Dieu, car nous reconnaissons que tout ce qui est arrivé dans nos vies est le résultat de Son grand pouvoir.

La Bible nous recommande d'accompagner toujours nos requêtes d'actions de grâces – Philippiens 4 :6. L'apôtre Paul a écrit à l'église de Colosses pour demander aux chrétiens d'être enracinés en Christ, de fonder leurs vies en Lui, de s'attacher plus fortement chaque jour à la foi... Il leur recommande d'associer cette recommandation à la prière d'actions de grâces adressée à Dieu.

p) Louange

Louer, c'est vanter les qualités (vertus) ou faire l'éloge de quelqu'un. Par la louange nous donnons gloire à Dieu. Nous le faisons plus facilement dans nos cantiques. Nous en trouvons un bel exemple dans Exode 15. Après que le peuple eut traversé la mer Rouge, Marie, la sœur de Moïse, à la tête d'un chœur, joua de la musique en s'accompagnant d'un tambourin, chantant et louant Dieu pour les grands miracles qu'Il venait d'accomplir pour eux. Généralement, on appelle les Psaumes, le livre des louanges. C'est exactement le nom que porte ce livre dans la langue hébraïque Tsepher tehilim. Plusieurs des psaumes nous montrent des gens qui chantent les louanges de Dieu. Les cinq derniers psaumes se terminent avec ces mots Louez Jah ou Alléluia. Nos louanges tirent leur origine de Dieu et c'est à Lui aussi qu'elles s'élèvent.

Dans le Psaume 22 :26 le serviteur dit : Tu seras dans la grande assemblée l'objet de mes louanges.

Psaume 71 :6c : Tu es sans cesse l'objet de mes louanges.

Le Psaume 96 :4 dit : Car l'Éternel est grand et très digne de louange.

Dans Daniel 4 :34, Nebucadnetsar, un roi païen, loua Dieu pour tous les miracles qu'Il a accomplis en sa faveur.

Dans Luc 10 :21, Jésus loue Dieu, le Père.

Dieu est digne de louanges. Nous devons non seulement Le louer pour ce qu'Il fait en notre faveur, mais par la foi nous pouvons Le louer aussi pour ce que nous avons l'assurance qu'Il va accomplir dans nos vies.

Maître, enseigne-nous à prier !

q) La prière d'un commun accord

Dans Matthieu 18 :19, Jésus dit : « *Je vous dis encore que, si deux d'entre vous s'accordent sur la terre pour demander une chose quelconque, elle leur sera accordée par mon Père qui est dans les cieux.* »

Ce qui est important pour que l'accord soit possible :
Nous tous, qui participons dans la prière, devons être des enfants de Dieu.
Il nous faut avoir la même base doctrinale.
Aucun de nous ne doit avoir de péché dans sa vie.
Nous devons nous entendre sur la demande.
Nous devons nous assurer que notre demande soit en parfait accord avec la volonté de Dieu.

Il nous faut exercer la même foi pour cette demande.
Il faut que nous soyons unis les uns aux autres par un amour sincère.
Personne ne doit chercher son intérêt personnel dans la réponse.
Que nous prions ensemble ou séparément, notre demande doit être la même.

Nous devons être animés du même désir de voir l'exaucement de notre prière (ou demande).

Si Dieu donne à l'un d'entre nous la conviction qu'Il a entendu notre prière, nous devons cesser de demander pour passer à une autre phase qui est la louange en attendant l'accomplissement de la requête.

Il est important que nous comprenions que l'accord dont parle la Bible n'est pas physique comme quand on se tient la main, mais plutôt un environnement spirituel caractérisé par ces points que nous avons cités plus haut. La Bible poursuit dans Deutéronome 32 :30 qu'un seul en a poursuivi mille, et deux ont mis dix mille en fuite. Notez bien qu'elle ne dit pas que deux peuvent mettre deux mille en fuite mais dix mille, soit mille par dix. Essayons de le voir sous un autre angle : nn seul chrétien peut mettre mille démons en fuite, mais deux chrétiens peuvent en mettre dix mille en fuite.

I. Les différents types de prières

Si une église se réunissait et s'accordait pour prier pour une nation, que se passerait-il...?

Chers amis, l'heure est venue de prendre la Parole de Dieu au sérieux. Elle était vérité pour Abraham, David et Daniel, aujourd'hui encore nous devons être convaincus qu'elle est encore la vérité et le demeurera après le passage de ce monde.

La prière d'un commun accord a ses propres faiblesses. Si toutes les conditions sont réunies, c'est formidable et extraordinaire! Mais quand on ne s'entend pas sur le motif ou le moyen par lequel on s'approche de Dieu pour Lui présenter sa requête, ce qu'on demande ne s'accomplira jamais.

Une des meilleures façons de prier d'un commun accord n'est pas quand tout le monde prie ensemble. On peut se trouver au même endroit, se tenir la main et ne pas être en accord pour autant. Après avoir rempli toutes les conditions énumérées plus haut, nous pouvons nous joindre ensemble et prier l'un après l'autre. Quand l'un prie, les autres écoutent et soutiennent la prière en disant : Amen, accomplis-le Seigneur, fais-le pour ta gloire... Cela ne veut pas dire qu'il n'est pas bien de prier ensemble, on peut toujours prier ensemble car la Bible le reconnaît mais nous encourageons la prière individuelle.

Les deux meilleurs compagnons de prière qui soient sont le mari et sa femme. Pourquoi ? Parce que ces deux personnes, en vertu de leurs intérêts communs, peuvent se comprendre l'un l'autre plus rapidement. Puisque les intérêts de l'un sont ceux de l'autre, l'accord de ces deux personnes peut se réaliser plus rapidement et plus aisément. La Bible dit aussi que le diable peut faire obstacle même aux prières du mari et de la femme s'ils sont à couteaux tirés.

Veuillez régler les moindres détails avant de prier d'un commun accord. Si vous n'êtes pas sûr de l'accord, il vaut mieux prier seul. Si vous remarquez que vous ne pouvez pas trouver quelqu'un avec qui vous accorder, reconnaissez que c'est vous qui avez le problème et que vous devez travailler sur votre caractère et votre tempérament.

Maître, enseigne-nous à prier !

La prière d'un commun accord est une arme très puissante. Nous devons le reconnaître et nous en servir.

r) La prière de consécration

Consécration et dédicace sont deux mots ayant la même valeur et importance. Quand une chose ou une personne est consacrée, cela veut dire qu'elle est totalement mise à part pour une œuvre ou une fonction bien déterminée.

En Deutéronome 4 :1-9, l'Éternel dit au peuple : « *Lorsque vous arriverez au lieu où je vous conduis, veillez à ne pas vous corrompre en imitant les mœurs de ses habitants, car vous êtes un peuple qui est entièrement consacré à l'Éternel. Cela veut dire que leur mode de vie allait être dicté par Dieu. Ainsi nous pouvons dire que la prière de consécration est une prière dans laquelle on recommande quelqu'un ou quelque chose au service exclusif de Dieu.* »

En Exode 40 :12-14, Moïse consacra Aaron et ses fils comme souverain sacrificateur et sacrificateurs au service de Dieu dans la tente d'Assignation. Dans ce cas, Moïse ne pria pas, mais il organisa une cérémonie en vue de les consacrer.

En 1 Rois 8, nous trouvons le roi Salomon qui dédicaçait le magnifique temple qu'il avait fait construire à l'Éternel. Il consacra et le temple et les autres choses qui étaient affectées au service de Dieu dans le temple. À cette occasion, le roi Salomon fit une prière extraordinaire qui allait marquer la vie de la nation pendant des et des générations.

Quand nous examinons la consécration de plus près aujourd'hui, nous croyons qu'elle devrait être une activité quotidienne. Cela veut dire que le genre de vie que nous menons chaque jour doit témoigner de notre consécration. La consécration, selon Dieu, n'est pas un rituel mais un style de vie. Ce que Moïse dit au peuple d'Israël avant son entrée dans la terre promise, c'est également ce que Dieu nous dit aujourd'hui quand il exige que nous vivions dans la sanctification.

I. Les différents types de prières

La sanctification est exactement la même chose que la consécration. Cela veut dire que nous nous mettons à part exclusivement pour Dieu. C'est une grâce que le chrétien doit demander chaque jour, car il est impossible de vivre dans la consécration ou la sanctification par sa propre force. Nous devons prier Dieu pour que la sanctification de Christ soit de plus en plus réelle dans notre vie afin d'attirer l'attention du monde sur Dieu comme le dit la Bible dans 1 Pierre 2 :9. Il nous faut renouveler quotidiennement notre prière de consécration pour dédier nos vies à Dieu.

s) L'exaltation

L'exaltation est le fait d'élever quelqu'un et de le mettre dans une position qui a beaucoup de valeur et de gloire. C'est le fait d'élever quelqu'un bien haut. Quand nous louons, nous exaltons, célébrons et proclamons bien haut la gloire de Dieu. Nous exaltons aussi l'humilité de notre Sauveur qui a accepté de se rendre semblable aux hommes, nous exaltons sa mort, son ensevelissement, sa résurrection et son ascension auprès de Dieu qui lui a donné le nom qui est au-dessus de tout autre nom dans le ciel, sur la Terre et sous la Terre. À cause de cela, tout genou doit fléchir devant lui. Philippiens 2 :6-11.

A la lumière de ces vérités, notre âme accepte de Le louer. Dans Exode 15, nous voyons que le peuple exalta l'Éternel après qu'il eut traversé la mer.

Dans le Psaume 30 :2, David dit : Je t'exalte, ô Éternel, car tu m'as relevé.

Dans le Psaume 34 :4, David invite les autres à exalter avec lui l'Éternel. Dieu est digne de toute exaltation.

t) L'adoration

Adorer signifie rendre un culte à. Si nous pouvons louer quelqu'un ou vanter les bonnes qualités d'une chose ou d'une personne, Dieu seul est digne d'être adoré. Il n'est vraiment pas bon d'utiliser les mots : adoration ou adorer en parlant de ou à quelqu'un, encore moins d'une chose qu'on aime. Quand les chrétiens adorent ensemble, ils accomplissent exactement la volonté de Dieu. C'est pour cette raison que Dieu nous a créés et nous a sauvés.

Jésus avait dit à la femme Samaritaine que les adorateurs que Dieu demande sont ceux qui L'adorent en esprit et en vérité. L'adoration est un culte que Dieu nous donne le privilège de Lui rendre pendant que nous sommes encore sur la terre, mais c'est dans l'éternité que nous nous adonnerons véritablement à cette activité. Lorsque nous adorons Dieu, nous jouons le rôle de sacrificateurs et nous pouvons avoir une libre entrée dans le lieu très saint grâce à la route nouvelle que Jésus a tracée pour nous par sa mort et sa résurrection.

Il est important que nous comprenions que l'adoration que nous offrons à Dieu quand nous nous réunissons dépendra de la façon dont nous vivons avec Lui chaque jour. Il faut remarquer que l'adoration ne se fait pas uniquement quand on se réunit à l'église, car l'adoration est une disposition de cœur. Elle a toujours une place dans nos prières. Quand nous savons qui est Jésus et Sa position dans nos vies, cela doit produire toujours une adoration interminable dans notre vie, laquelle affectera toutes nos prières.

II. Quelques prières à éviter

a) La prière d'enseignement

Veillez à ce que la prière ne devienne pas un enseignement. C'est à Dieu que nous nous adressons la prière et Dieu n'a pas besoin qu'on Lui enseigne. Il est la connaissance illimitée. Quand nous prions, nous ne devons pas utiliser la prière comme un moyen d'exprimer nos opinions.

b) Prier avec un esprit de contrôle

Lorsque nous prions sous la direction d'un leader, nous devons éviter de dévier la prière dans un autre sens. Cela arrive quand quelqu'un prie élève la voix beaucoup plus haute que les autres et influence différemment du leader. C'est du désordre, car ce n'est pas cette personne qui dirige la prière.

c) La prière doctrinale

Quand nous prions en groupe, ce n'est pas le moment de faire valoir ses points de vue doctrinaux. À ce moment, la prière n'édifie pas et Dieu n'y prend pas plaisir, comme ça été le cas des prières des pharisiens.

d) La prière émotionnelle

Il n'est pas du tout sage de se donner en spectacle pendant la prière en faisant du bruit, en criant pour attirer le regard d'autrui. Nous pouvons crier en priant, mais cela doit se faire sous la direction du Saint-Esprit, et alors cela ne dérangera personne.

e) La prière dubitative

Il est important de veiller à ce que notre manière de prier n'exprime aucun doute devant Dieu et aux oreilles d'autrui. L'apôtre Jacques dit que celui qui a des doutes au sujet de ce qu'il demande ne doit pas s'imaginer qu'il recevra quelque chose du Seigneur.

f) La prière sans conviction

Il peut arriver que quelqu'un prie avec beaucoup d'énergie sans en avoir aucune (la moindre) conviction que Dieu l'écoute et l'exaucera. Beaucoup d'hostilités et de doutes sont exprimés à travers ce type de prière.

g) La prière intellectuelle

Nous devons faire en sorte que nos prières ne deviennent pas un exercice intellectuel gratuit (vain). Lorsque nous prions, c'est notre cœur que nous exposons à Dieu. Nous ne pouvons pas impressionner Dieu.

h) La prière sans vie

Elle ressemble presqu'à la prière intellectuelle. Ce type de prière n'engage que le cerveau et la voix, mais le cœur n'y est pas.

i) La prière ambitieuse

C'est quand on demande à quelqu'un de prier pour une chose bien spécifique alors qu'il consacre le moment à prier pour ses propres besoins ou à attirer l'attention des autres.

j) La prière en désaccord

C'est quand la personne ne suit pas les consignes du leader pendant la réunion. À chaque fois une consigne est donnée, elle choisit de faire autre chose. Il serait préférable que cette personne n'assiste pas à la réunion de prière.

Chapitre IX

Le Jeûne

a) Qu'est-ce que le jeûne?

Le jeûne est une disposition prise par quelqu'un de s'abstenir de manger, de boire (eau exceptée), d'avoir des relations sexuelles, pendant une période d'un ou de plusieurs jours. Le jeûne peut être partiel, c'est-à-dire que la personne ne s'abstient pas totalement de nourriture, mais elle peut prendre un seul repas pour la journée ou quelque chose de liquide et de léger, qui ne contient pas beaucoup de protéines pendant la période.

On a souvent tendance à confondre le jeûne avec la discipline alimentaire dans le domaine de la nutrition qu'on appelle régime. Dans ce cas, la personne s'abstient d'une série d'aliments, cela veut dire qu'elle ne les consomme pas. Mais le régime et le jeûne sont deux choses différentes.

b) Le jeûne religieux

Le jeûne est une pratique religieuse ancienne. Il est pratiqué pour les raisons suivantes : purification, pénitence, deuil, pour la préparation de certaines pratiques spirituelles. Presque toutes les religions comme les musulmans, les hindous, les religions chinoises, juives et chrétiennes ont cette pratique.

La philosophie de la Grèce antique considérait le jeûne comme une discipline qui permettait à l'homme de rester en bonne santé sur le plan physique et mental. On avait généralement l'habitude de jeûner pendant dix jours. Pythagore posait comme condition d'acceptation à quiconque voulait devenir son disciple un jeûne de quarante jours.

c) La signification du jeûne pour les Juifs

Le jeûne est un moment où l'homme humilie son âme devant Dieu. Pour les Juifs, c'est un moment où ils s'abstiennent de manger quoi que ce soit et de boire, pas même de l'eau, durant le premier jour en général. Les Juifs sont habitués à faire de longs jeûnes.

La Bible nous parle de trois hommes qui ont jeûné plus longuement et ils ont tous passé quarante jours. Il s'agit de Moïse (Exode 24 :18), le prophète Élie (1 Rois 19 :8) et Jésus (Matthieu 4 :8). Mais il y a des théologiens qui pensent qu'il ne s'agissait pas vraiment de jeûne dans le cas de Moïse, car il dit avoir passé quarante jours et quarante nuits dans la présence de Dieu sans rien manger et sans rien boire.

Selon la science médicale, il est impossible que quelqu'un passe quarante jours sans boire de l'eau. Il serait mort avant que les quarante jours ne soient écoulés. De plus, le passage dit que Moïse entra dans la présence de Dieu. Il ne cherchait pas la présence de Dieu. C'est comme s'il était entré chez Dieu même. Les Évangiles rapportent une petite expérience que Jésus fit vivre à trois de Ses disciples dans la présence de Dieu. À cette occasion, Pierre dit à Jésus : Maître, faisons trois tentes, une pour Moïse, une pour Élie et une pour toi, et nous y demeurerons. Quand nous sommes dans la présence de Dieu, nous n'avons besoin de rien d'autre. Dans le cas du jeûne de Jésus, on croit qu'il n'avait bu que de l'eau. Sinon, après le jeûne, au lieu de dire qu'Il avait eu faim, on aurait dit qu'Il avait eu soif. Nous reconnaissons pour vrai qu'il est impossible que quelqu'un passe quarante jours sans s'abreuver.

Pour les Juifs, le jeûne est un moyen de prendre conscience du niveau de leur relation avec Dieu et de se résoudre à revenir à lui ou à croître dans leur relation avec Lui. C'est un moyen de dominer leurs tendances naturelles qui les poussent souvent à désobéir à Dieu; c'est également pour eux le moment de mettre de côté leurs ambitions personnelles en vue d'entretenir leur relation avec Dieu. C'est le moment où l'homme doit s'humilier devant Dieu et reconnaître qu'il est impossible de vivre par soi-même la vie que Dieu demande.

Le jeûne est non seulement une pratique personnelle et volontaire, mais aussi une pratique collective. Lévitique 16 :29 : « *C'est ici pour vous une loi perpétuelle : au septième mois, le dixième jour du mois, vous jeûnerez, vous ne ferez aucun ouvrage, ni l'indigène, ni l'étranger qui séjourne au milieu de vous.* » Nous voyons que chaque année la nation d'Israël devait jeûner. La version Louis Segond dit : « *vous humilierez vos âmes.* » Lévitique 16 :29.

Le jeûne ne consiste pas uniquement à se priver de nourriture et d'eau. À travers le jeûne, nous montrons à Dieu qu'Il est ce qu'il y a de plus précieux pour nous. Nous mettons alors de côté les choses qui ont le moins d'importance pour aller après celle qui a le plus d'importance pour nous, c'est-à-dire notre intimité avec Dieu. Jésus compare le royaume de Dieu à un homme qui trouve un trésor dans un jardin. Il le cache et va vendre tout ce qu'il possède et contraint le propriétaire à lui vendre le jardin. Quand nous mettons toutes nos occupations de côté pour nous rabaisser et nous humilier devant Dieu dans le jeûne, cette attitude dit à Dieu qu'Il a plus de valeur que toute autre chose.

Le jeûne, c'est aussi le moyen d'exprimer notre disponibilité à Dieu. C'est une façon de répondre à Son amour et de montrer combien nous sommes disposés à suivre Ses consignes, car c'est en lui que se fonde toute notre espérance.

Lorsque nous jeûnons, nous donnons notre temps à Dieu. Notre temps n'est pas simplement utile à entreprendre nos activités égoïstes et personnelles, mais aussi à honorer Dieu.

En jeûnant, nous montrons à Dieu combien nous dépendons de Lui. Notre corps lui dit que nous dépendons de lui-même si nous n'avons rien à manger.

Le jeûne est une manière de nous humilier devant Dieu et de nous repentir de nos péchés. C'est un moyen visible d'exprimer notre insatisfaction de notre vie spirituelle et de notre relation avec lui.

Maître, enseigne-nous à prier !

Pourquoi devons-nous jeûner ?

a) La Bible nous encourage à jeûner

Il est vrai qu'il n'y a pas un seul verset de la Bible qui nous ordonne de jeûner, mais nous pouvons dire que toute la Bible nous montre la nécessité de le pratiquer et nous encourage à le faire. Nous pouvons dire que depuis Moïse jusqu'aux derniers apôtres, nous constatons que presque tous les grands serviteurs de Dieu à travers la Bible avaient l'habitude de jeûner. Dans plusieurs passages, la Bible nous montre que le jeûne est une nécessité pour le combat auquel les chrétiens sont engagés en vue de faire avancer le royaume de Dieu sur la Terre.

b) Les grands personnages bibliques ont jeûné

Nous pouvons apprendre plusieurs bonnes choses quand nous considérons attentivement et imitons les grands personnages bibliques. Puisque les grands personnages bibliques nous montrent le chemin, nous voyons que presque tous avaient l'habitude de jeûner :

Moïse – Ex. 24 :28 ;
Samuel – 1 Sa. 2 :6 ;
David – Ps. 69 :11,22 ;
Jonathan, le fils de Saül – 1 Sa. 20 :24
Le roi Josaphat – 2 Chr. 20 :3 ;
Esdras – Esd. 10 :6 ;
Néhémie – Ne. 1 :4-10 ;
Daniel – Dn. 9 :3 ;
Esther – Est. 4 :10-17 ;
Joël – Jo. 1 :14 ;
Zacharie – Za. 8 :8-19 ;
Le peuple d'Israël – Jg. 20 :26-28
Dans le Nouveau Testament, Anne la prophétesse qui était toujours dans le temple – Luc. 2 :32 ;
Jean-Baptiste et ses disciples – Lc. 5 :33 ;
Jésus – Mt. 4 :1,2 ;
L'apôtre Paul – 2 Co. 6 :5 ;

Les anciens de l'église d'Antioche – Ac. 13 :3;
L'église de la ville de Lystre – Ac. 14 :23

Le jeûne était une activité courante dans la vie des premiers chrétiens. L'apôtre Paul est un des plus grands exemples que nous trouvons dans le Nouveau Testament en ce qui a trait au jeûne. Paul dit qu'il a jeûné de plein gré et qu'il a jeûné malgré lui. Actuellement pour tous les ministères qui se développent partout dans le monde, le jeûne est devenu une pratique très courante dans la vie des serviteurs de Dieu.

c) Les deux testaments soutiennent cette pratique

Le jeûne n'est pas un principe antibiblique et ce n'est pas une seule partie de la Bible qui nous encourage à le faire. Dans les deux testaments, nous trouvons que les gens ont jeûné pour diverses raisons. Le jeûne est un enseignement que la Bible soutient également. Si dans l'Ancien Testament le jeûne avait une valeur rituelle, dans le Nouveau Testament, particulièrement dans les premiers jours de l'Église, il avait une valeur spirituelle.

d) Jésus a jeûné lui aussi

Jésus a dit que le disciple n'est pas plus grand que son maître, ni l'apôtre plus grand que celui qui l'a envoyé, mais tout disciple accompli sera comme son maître. Grâce à quoi le disciple sera comme son maître? Grâce à son imitation de tous les faits et gestes du maître. Si Jésus, le Maître, était obligé de jeûner en vue de connaître le succès dans son ministère et de neutraliser le diable sur la terre, vous et moi, en tant que disciples de Jésus, avons grand besoin de jeûner également si nous voulons marcher à l'instar de Jésus quand il était sur la Terre, dans la voie du triomphe et du succès.

Maître, enseigne-nous à prier!

e) Chercher de la direction

Il est important que nous cherchions la direction de Dieu avant que nous ne commencions les grandes missions. Néhémie jeûna pendant plusieurs mois avant de retourner dans le pays reconstruire les murs de Jérusalem. Selon Néhémie 1 :4, il commença à jeûner au mois de Kisleu du calendrier juif, lequel correspond à la dernière moitié du mois d'octobre et à la première moitié du mois de novembre de notre calendrier. Il mit fin au jeûne au mois de Nisan qui correspond aux mois de mars et d'avril (*la moitié de chacun*) de notre calendrier. Ce fut un jeûne partiel, c'est-à-dire qu'il se priva presque totalement de nourriture; il prit des repas légers, ce qui l'affecta beaucoup physiquement au point que le roi même le remarqua. Néhémie 2 :1-2.

Avant de se présenter au le roi Assuérus en vue de défendre la cause des juifs, en dépit du lien conjugal qui l'unissait à lui, la reine Esther jeûna et invita le peuple à jeûner également. Ils jeûnèrent pendant trois jours sans nourriture et sans eau. Esther 4 :15,16.

Nous faisons le même constat dans le Nouveau Testament. On pourrait dire que Jean-Baptiste jeûna partiellement pendant toute son existence. Son accoutrement et sa nourriture étaient bien différents de ceux des autres. Pourtant, Jésus reconnut en lui le plus grand de tous les prophètes. L'onction de Dieu qui l'accompagnait était tellement puissante que même le roi Hérode craignait. Marc 1 :6.

Nous voyons aussi, dans les évangiles, que Jésus débuta son ministère par un jeûne de quarante jours sans nourriture. Luc 4 :2.

Après sa conversion, Paul passa trois ans dans un désert d'Arabie. Nous pouvons voir dans cette expérience un moment de séparation d'avec les choses de ce monde dans le but de chercher la face de Dieu – Galates 1 :17. Rien ne nous permet de dire qu'il passa les trois années à jeûner, mais il passa plusieurs de ces jours dans le jeûne et la prière afin de recevoir beaucoup des grandes révélations qu'il partage avec nous dans ses épîtres. Il est important qu'un serviteur de Dieu jeûne avant de s'engager dans le ministère.

Jésus pouvait mettre Satan en déroute publiquement parce qu'il savait le faire en secret. Nous voyons cela au moment où Jésus jeûnait, quand Satan vint le tenter, nous voyons comment Jésus le vainquit en secret. Les serviteurs de Dieu doivent chacun le vaincre en secret avant de triompher de lui publiquement. Si vous perdez la bataille secrète, point n'est besoin de vous attaquer à Satan en public. Il vous avilira à l'exemple des fils de Scéva – Actes 19 :13-16.

Le fondement et la vie courante de tout ministère qui connaîtra la victoire sur cette terre reposent essentiellement sur le jeûne.

f) Identifier un appel spécifique

C'est la volonté de Dieu que tous soient sauvés et entrent dans le royaume. Après être entrés dans le royaume, nous avons chacun une œuvre que Dieu nous donne d'accomplir pour la gloire de Son Nom sur la terre – Éphésiens 2 :10. Ainsi, après avoir été introduits dans le royaume, nous ne pouvons pas agir avec précipitation; il ne nous appartient même pas de décider de ce que nous voulons faire dans le royaume. Tout a été déjà décidé.

Prenons l'exemple des deux fils de Zébédée, Jacques et Jean, qui réclamèrent chacun une position. Ils dirent à Jésus qu'ils étaient qualifiés. Jésus leur répondit : « *Il est vrai que vous êtes qualifiés, mais ce que vous demandez sera donné à qui cela a été réservé* ». Marc 10 :35-40.

1 Corinthiens 12 :11 dit que c'est le Saint-Esprit qui se charge de la distribution. Il n'accorde pas selon la volonté humaine, mais selon qu'il décide et selon que le Père avait déjà décidé. Lorsque nous entrons dans le royaume, pendant que nous accomplissons quelques petites tâches, nous devons prier avec instance et jeûner pour que Dieu nous révèle notre vraie tâche. Comme nous le voyons dans Actes 13 :1,2, pendant que l'église d'Antioche jeûnait, le Saint-Esprit vint et appela Barnabas et Paul à une œuvre spécifique.

g) Ce que le jeûne n'est pas

De même que dans le domaine de la production industrielle on trouve de faux produits, dans le domaine spirituel on trouve aussi des faux : de fausses religions, de fausses prières, de faux chrétiens et de faux jeûnes également. Le faux jeûne peut donner toute l'apparence du vrai, cependant quand on s'en sert, il ne produit pas les mêmes résultats que le vrai. Pour cette raison, nous devons savoir ce que le vrai jeûne n'est pas afin d'éviter le faux.

- Le jeûne n'est pas une grève de faim

Nous entendons souvent les gens faire des grèves de faim pour protester contre une chose qu'ils ne veulent pas ou pour obtenir quelque chose. Le jeûne n'est en aucun cas une grève de faim. Ce n'est pas uniquement quand nous ne mangeons pas mais nous nous vaquons à toutes nos activités, nous ne consacrons pas un peu de temps à la prière, à la lecture de la Bible et à un entretien avec Dieu pour qu'Il nous parle Lui-même. Le plus important pour Dieu n'est pas la privation d'aliments, mais notre disponibilité à nous humilier devant Lui et à chercher Sa face. Si nous n'avons pas le temps de faire cela, quand nous jeûnons pour Dieu, ce que nous faisons n'est pas un vrai jeûne mais un faux.

- Ce n'est pas accomplir un simple rituel

Dans les religions musulmane et hindoue, le jeûne est considéré comme un rituel. Dans bien des cas, les Juifs furent aussi en contravention avec Dieu. L'Éternel dit au peuple dans Zacharie 7 :5 : « *Ce fut leur coutume pendant soixante-dix ans* » Annuellement, aux cinquième et septième mois, ils jeûnèrent et crièrent. S'ils furent sincères les premier, deuxième et jusqu'au dixième mois, cela devint une simple routine par la suite. L'attitude qui, selon la volonté de Dieu, devait accompagner le jeûne fut complètement absente.

C'est le cas aussi de bon nombre de chrétiens de nos jours qui ne font beaucoup de choses que par habitude. Nous allons à l'église par habitude, nous chantons par habitude et nous prions par habitude. Ce faisant, nous reléguons notre Dieu au niveau des idoles. Il est dit dans Lamentations 3 que notre Dieu n'est pas une statue; ses bontés se renouvellent chaque jour. Cela veut dire que toutes les fois que nous nous approchons de Dieu, nous devons reconnaître Sa grandeur, Sa puissance, Son amour et tous Ses autres attributs et qualités. Notre Dieu ne regarde pas uniquement aux apparences de ce que nous faisons dans notre relation avec Lui et avec les autres, mais plutôt à la disposition de nos cœurs. Si nos cœurs ne sont pas droits devant Lui, rien de ce que nous faisons ne Lui est agréable.

- Une parade spirituelle

Ce n'est pas un moyen de faire une parade spirituelle. Pour beaucoup de pharisiens du temps de Jésus, le jeûne était un luxe spirituel, un des traits caractéristiques de leur spiritualité. On se rappelle bien le pharisien qui priait dans le temple. Pour faire montre de ma spiritualité : je jeûne deux fois la semaine. Selon Matthieu 6 :16, ils affichent tous les signes extérieurs pour montrer aux autres qu'ils jeûnent dans le but que ceux-ci vont dire du bien d'eux. Nous constatons qu'il existe encore ces gens à l'église. Ils ont une façon propre à eux de s'habiller afin de montrer aux autres qu'ils jeûnent toute la journée. Jésus dit qu'ils ont déjà leur récompense. Nous ne devons pas, à l'instar de ce pharisien, utiliser le jeûne comme une marque de supériorité spirituelle par rapport aux autres. Ce n'est pas dans cette optique que Dieu nous a donné ce moyen qui nous permet de chercher Sa face. Il va de soi que le jeûne peut nous faire ressembler plus à Dieu, mais il ne peut pas nous servir de parade spirituelle. Laissons de préférence nos actions le montrer aux autres, car elles ont beaucoup plus de valeur aux yeux de Dieu et des autres.

- **Mettre la pression sur Dieu**

Le jeûne n'est pas un moyen de mettre la pression sur Dieu. Dans un des points que nous avons traités précédemment, nous avons dit que la grève de faim est faite par des groupes sociaux tels que les syndicats et d'autres organisations sociales et politiques en vue de faire pression. Ils ont recours parfois à ce moyen pour forcer les chefs d'entreprises ou les dirigeants politiques à répondre à leurs revendications. Nous ne devons pas croire que nous pouvons recourir au jeûne pour la même raison, ce serait passer totalement à côté de l'esprit du jeûne.

Maître, enseigne-nous à prier!

Lorsque nous voulons recevoir quelque chose de Dieu nous avons du mal à le trouver, le problème ne se trouve pas auprès de Dieu. Car ce qui fait que Dieu agit en notre faveur, c'est l'application de Ses principes et la foi. Si ces deux conditions ne sont pas réunies, il n'y a rien que nous puissions faire pour Lui enlever quelque chose. Dieu n'est pas un politicien, nous ne saurions Le faire marcher sous pression.

- Ce n'est pas faire de la paresse

Le jeûne n'est pas un moyen de faire de la paresse. Il est honteux de le dire, mais c'est la vérité : Plusieurs chrétiens font du jeûne leur profession, c'est-à-dire c'est la seule activité à laquelle ils vaquent tous les jours. Ils fréquentent toutes les montagnes où l'on jeûne. Ils vont chaque jour à une montagne différente. Ces gens doivent savoir que Dieu ne substitut pas le travail au jeûne. Le jeûne n'enlève pas au travail son importance.

Même quand Dieu vous appellerait à un ministère à plein temps, nous ne croyons pas qu'il vous demanderait de jeûner chaque jour. Si c'était le cas, Dieu prendrait soin de vous convenablement. Personne n'en saurait jamais rien. Car quand Dieu appelle quelqu'un, il pourvoit toujours à ses besoins. Cela ne veut pas dire que tout ira toujours comme sur les roulettes. Il y a un niveau de difficulté que Dieu ne vous laissera jamais atteindre. Sachez bien, quand les choses semblent pires, votre visage est plus rayonnant car vous êtes couvert par Dieu.

Dieu veut que nous travaillions. C'est une responsabilité que nous avons envers nous-mêmes, nos familles et le royaume en général devant Dieu. La Parole de Dieu dit dans l'épître aux Éphésiens que nous devons travailler de nos mains pour faire ce qui est bien et avoir de quoi pour aider ceux qui sont dans le besoin. Quand quelqu'un se refuse à travailler, il désobéit à Dieu qui a établi le travail avant que le péché entrât dans le monde – Genèse 2 :15. C'est le travail pénible qui est la conséquence du péché, mais le travail est la volonté de Dieu pour tous. Quand l'homme travaille, il ressemble à Dieu car Dieu travaille et agit toujours – Psaume 121; 103 :20. Dieu ne tolère pas les paresseux.

Dans Matthieu 25 :26, Dieu traite l'homme qui avait reçu un seul talent de méchant et paresseux. Les deux autres serviteurs avaient fait valoir leurs talents, mais celui-là avait caché le sien. On trouve beaucoup de ces gens à l'église qui recherchent toujours un boulot, désirant travailler avec les autres, tandis que Dieu veut qu'ils entreprennent quelque chose afin de les bénir. D'autres n'ayant pas de métier, préfèrent aller chaque jour dans un soi-disant jeûne au lieu d'aller se joindre à un frère de l'église qui a un métier qu'il pourrait apprendre gratuitement.

Considérant tous ces frères et sœurs paresseux, il est normal que nos églises soient aussi pauvres qu'on le voit. Au lieu que les membres de l'église prennent soin du pasteur matériellement comme la Bible le leur recommande dans Galates 6 :6; 1 Corintiens 9 :11; Romain 15 :27, nous voyons au contraire qu'une bonne partie de l'église est à la charge du pasteur. Cela est une malédiction. Ce n'est pas ainsi que Dieu veut que cela se fasse. Le jeûne est incontestablement très important, mais nous devons travailler également car le jeûne ne peut pas remplacer le travail. Au contraire, on peut faire les deux à la fois; on peut jeûner pendant que l'on travaille.

- Ce n'est pas faire du bruit aux oreilles de Dieu

Jeûner, ce n'est pas faire du bruit aux oreilles de Dieu comme nous allons le voir plus loin. Il y a un ensemble de conditions qui doivent être réunies; si elles ne le sont pas, le jeûne n'a aucune valeur aux yeux de Dieu. Et s'il n'a aucune valeur, nous faisons du bruit pour rien. On dirait que Dieu est tellement loin qu'on devrait crier à tue-tête pour qu'Il entende finalement même si on se trouvait dans les hauteurs d'une montagne. Actes 17 :27 dit que Dieu n'est pas loin de chacun de nous. D'après la racine de ce mot, il doit y avoir plus de silence que de paroles dans le jeûne, à moins qu'on loue Dieu. C'est un moment où l'homme va humilier son âme devant Dieu. Lors du jeûne, les Juifs ont coutume de s'envelopper d'un sac et de se coucher à même le sol devant Dieu. Les adeptes des religions orientales ont l'habitude de faire beaucoup de bruit en jeûnant. Sous la dictée du guru (le leader), ils produisent ensemble un son pendant longtemps. Certains d'entre eux tombent parfois en transe à l'exemple de ceux qui sont possédés de loas (mauvais esprits).

Maître, enseigne-nous à prier!

Les manifestations démoniaques ne manquent pas dans ces réunions. Beaucoup de bruit font plaisir à Dieu, mais c'est uniquement quand on Le loue.

- Ce n'est pas un moment de défoulement

Le jeûne n'est pas un moment de défoulement. À plusieurs endroits où des gens se réunissent et prétendent jeûner, quand on regarde bien, on dirait que leur jeûne est une réplique de ce qu'on appelle dans le vaudou les danses consacrées aux loas. La raison est que les schémas sont les mêmes.

Dans le culte vaudou, celui qui mène la danse est le houngan (prêtre du vaudou) ou la mambo (prêtresse). Tout le monde danse et chante au rythme des tambours que font retentir les musiciens à coup de baguettes. Au plus fort des accents des tambours, les loas prennent possession du houngan ou de la mambo et d'autres personnes de l'assistance tombent aussi parfois en transe sous l'influence de leurs loas. Ceux-ci parlent souvent à plusieurs des participants et laissent parfois des messages pour son cheval (sa monture, car dans la religion vaudou « loa » (*nom attribué à l'esprit possesseur*) chevauche l'initié comme une monture.

Dans ces activités de jeûne (celles organisées surtout par les membres de la secte des armées célestes), on se réunit dès le matin, on est étendu silencieusement à plat ventre. Après cela, les cymbales commençant à retentir, tout le monde s'apprête à être visité par les esprits. Le commandant du jeûne que l'on appelle d'ailleurs capitaine, est celui qui dirige les chants et les danses. Au plus fort de la musique, un esprit (*malin*) descend sur le capitaine. Tout au cours de la musique, les gens se défoulent. L'esprit se manifeste parfois aussi à travers d'autres personnes du groupe qui, à ce moment, tournent en rond et font de grands bruits. Ils prétendent parler en langues, mais seul le capitaine, lequel prête souvent les services d'un interprète, est habilité à transmettre des messages. Contrairement x loas, on dirait que l'esprit ne sait pas parler les langues des hommes. Le capitaine parle sous la soi-disant influence de l'esprit, et un autre interprète pour le destinataire du message.

Une personne que je connais et qui avait l'habitude de participer à ce genre d'activités m'a dit que peu s'en est fallu qu'on lui ait imposé un frère pour mari avec cette histoire de message. C'est une des raisons pour lesquelles elle s'en est écartée.

On peut facilement comprendre qu'il n'existe pas vraiment de grande différence entre ces deux phénomènes. S'il y a une légère différence, c'est seulement dans leurs apparences mais dans la réalité ce sont-ils sont les mêmes. Ils reposent tous deux sur un tissu de mensonges. Que pourrait-on d'ailleurs espérer davantage de Satan! La Bible ne dit-elle pas qu'il est le père du mensonge? Il pervertit tout ce qui lui tombe sous la main, l'utilisant pour une cause contraire au plan originel de Dieu. Il utilise le jeûne, lequel devrait être un moyen qui permettrait à l'homme d'être plus proche de Dieu, comme un instrument pour éloigner l'homme de Dieu.

- Ce n'est pas un business (activité à but lucratif)

Le jeûne n'est pas une activité à but lucratif. Il y a une série d'activités religieuses qu'on appelle jeûnes qui sont entreprises chaque jour. Elles sont parfois entreprises le soir aussi. Bien souvent le capitaine se déclare être aussi pasteur et c'est toujours sous sa direction que le jeûne a lieu chez lui ou dans un autre endroit. À côté des offrandes qui sont collectées chaque jour, d'autres activités lucratives sont aussi organisées : ils traitent les malades; dans certains lieux de jeûne, un endroit est réservé à hospitaliser les gens comme cela se fait dans les péristyles (houmfò), lieux de culte vaudou). Les parents des malades doivent payer rubis sur l'ongle. Ils organisent parfois des bains qui sont censés attirer la chance (beny chans) et beaucoup d'autres activités louches. Quel rapport y a-t-il entre la Bible et toutes ces pratiques? Absolument aucun. La Bible décourage toujours ces pratiques. Nulle part dans la Bible on n'a vu Jésus ou les apôtres guérir les malades ou délivrer ceux qui étaient possédés par les démons pour de l'argent. Au contraire, quand il envoyait les douze disciples prêcher, Jésus leur avait dit : « Vous avez reçu gratuitement, donnez gratuitement. » Matthieu 10 :8. Dans Actes 8, nous voyons comment un certain Simon offrit de l'argent à l'apôtre Pierre pour que celui-ci lui imposa les mains afin qu'il soit baptisé du Saint-Esprit. Mais l'apôtre le maudit sur le champ.

Maître, enseigne-nous à prier!

Il demanda pardon après et supplia Pierre de prier pour qu'un malheur ne lui arrive pas...V. 14-24.

Cela veut-il dire qu'un serviteur de Dieu ne doit rien recevoir de personne. Cependant, si quelqu'un ou un chrétien veut bénir un serviteur de Dieu, il pourra le faire et la Bible elle-même recommande cette pratique. Jésus dit que lorsqu'on donne à un serviteur un verre d'eau froide parce qu'il est un serviteur de Dieu, Il bénira cette personne. Dans Galates 6 :6, la Parole de Dieu dit que celui à qui l'on enseigne la parole doit partager tous ses biens matériels avec celui l'enseigne. Mais ce n'est pas le rôle du pasteur ou du serviteur de Dieu de pousser les gens à lui apporter de l'argent par ruse, par tricherie ou par manipulation. La Bible ne soutient pas ces pratiques, car le jeûne n'est pas une activité lucrative.

Plusieurs types de jeûnes

Nous ne prétendons pas que cette liste soit exhaustive, mais nous voyons apparemment que tous les jeûnes mentionnés dans la Bible (les Saintes Écritures) tombent dans une des catégories suivantes.

a) Jeûne de repentance. Ex. 33 :6

Il est vrai que le mot jeûne n'apparaît pas dans ce passage, mais l'attitude adoptée par le peuple dénote une attitude de jeûne. Ce fut après que le peuple eut commis le péché d'idolâtrie. Dieu fut très en colère et déclara qu'Il ne marcherait plus avec eux de peur de les exterminer. Il promit de les faire accompagner par un ange. Quand le peuple entendit cela, il fut dans la désolation. Ils enlevèrent tous leurs ornements et s'humilièrent devant Dieu et implorèrent Son pardon et Sa faveur.

Dans 1 Samuel 7 :2-6, nous trouvons un jeûne de repentance où le peuple entier se rassembla en un endroit appelé Mitspa. Ils y jeûnèrent devant Dieu à cause d'un péché d'idolâtrie qu'ils avaient commis.

Joël 2 :12 parle aussi du jeûne de repentance. Le jeûne publié par le roi de Ninive dans Jonas 3 fut également un jeûne de repentance.

b) Jeûne de consternation. Jos. 7 :6

Une fois de plus, le mot jeûne ne figure pas dans ce verset, mais l'attitude de Josué est exactement celle de quelqu'un qui jeûne : il déchira ses vêtements, se couvrit de poussière et se coucha face contre terre devant l'Éternel. La consternation est un sentiment qui produit une attitude affichée aussi par quelqu'un qui a connu un malheur ou une déception. Dans 1 Samuel 31 :13, nous trouvons aussi un jeûne de consternation. Quelques-uns des vaillants soldats de Saül jeûnèrent pendant sept jours sur la montagne de Guilbao après la mort du roi et de ses trois fils.

c) Jeûne d'intercession. Ps. 35 :13

Le jeûne d'intercession est celui dans lequel quelqu'un jeûne devant Dieu en faveur d'une autre personne ou d'une situation. C'est ce que nous trouvons dans le Psaume 35 :12. David dit de celui qui le haïssaient et qui cherchaient à le tuer : « *Et moi, quand ils étaient malades, je revêtais un sac. J'humiliais mon âme par le jeûne, je priais, la tête penchée sur mon sein.* »

Nous trouvons plusieurs cas de jeûne d'intercession dans la Bible. Si nous considérions comme un jeûne la deuxième fois que Moïse est monté sur le mont Sinaï (Exode 34 :28), nous croyons qu'il devrait tomber dans cette catégorie car c'est en faveur du peuple qu'il a été auprès de Dieu.

Dans Daniel 10 :3, Daniel jeûna non pas en sa faveur mais en faveur de la restauration du royaume de Juda.

Néhémie jeûna pour la reconstruction des murs de Jérusalem (Néhémie 1).

Aujourd'hui encore nous pouvons pratiquer le jeûne d'intercession en faveur des gens que nous aimons, de nos églises, de nos communautés, de notre pays, etc.

d) Jeûne de délivrance

C'est un jeûne où l'on implore la délivrance de Dieu. Psaume 69 :11. À travers tout le psaume, nous voyons que c'est quelqu'un qui est en butte à de grandes difficultés qui adresse la prière de délivrance. C'est un autre type de jeûne qui est très courant dans la Bible. Chaque fois que le peuple d'Israël était confronté à une difficulté, ils avaient toujours recours au jeûne pour chercher le secours auprès de Dieu.

L'exemple de 2 Chroniques 20 nous montre que trois armées se liguèrent pour détruire Juda. Le roi Josaphat convoqua alors tout le peuple dans un jeûne. V. 3 – Tout le peuple répondit à l'appel et le roi se mit debout dans le temple et pria Dieu qui opéra une œuvre miraculeuse en leur faveur.

Le jeûne de la reine Esther était également un jeûne de délivrance, car la vie de tous les Juifs qui vivaient dans le royaume était menacée et nous voyons comment Dieu a tout changé en leur faveur.

e) Jeûne de supplication. Jé. 14 :12

Beaucoup de prières de supplication sont adressées à Dieu dans ce type de jeûne. Nous avons déjà défini la prière de supplication. C'est une prière qui est faite avec beaucoup d'intensité dans laquelle celui qui prie (orant) a la certitude que Dieu a le pouvoir d'agréer sa demande et qu'Il est le seul à pouvoir le faire.

Dans Daniel 9, Daniel fit un jeûne de supplication pour implorer la grâce de Dieu pour le pays de Juda.

Dans le Psaume 140 :7, nous voyons David adresser une prière de supplication à Dieu, Lui demandant de le délivrer des ennemis qui en voulaient à sa vie.

f) Jeûne rituel - Za. 7

Dans ce passage, un groupe de Juifs envoyèrent un message aux prophètes et aux sacrificateurs pour leur demander s'ils pouvaient continuer à jeûner au cinquième et au septième mois comme il était de coutume depuis soixante-dix ans.

Nous pouvons comprendre que le jeûne était une activité spirituelle, mais il était devenu avec le temps une simple activité religieuse. Cela veut dire que l'essence du jeûne a été oblitérée avec le temps, ce qui en était resté n'était qu'apparence. Au verset 5, l'Éternel leur répondit : « *Quand vous avez jeûné et pleuré au cinquième et au septième mois, et cela depuis soixante et dix ans, est-ce pour moi que vous avez jeûné.* » Dieu dit donc clairement que ces jeûnes ne l'avaient pas engagé. Ils ne s'occupaient que de leurs propres affaires.

Dans Ésaïe 58 :3, le peuple dit : Que nous sert de jeûner, si tu ne le vois pas... de mortifier notre âme, si tu n'y as point égard... Dieu répond au verset 4 et dit qu'Il ne porte aucun intérêt à leurs jeûnes, car ils ne font qu'accomplir un rituel.

Ce que vous ne devez pas faire en jeûnant

Vous ne devez manger ni consommer aucune autre boisson à part l'eau.

Si vous êtes obligé d'aller travailler, veillez à ne pas faire une tâche qui va vous faire dépenser trop d'énergie physique ou mentale.
Évitez de vous retrouver là où l'on prépare les mets, de peur d'être tenté.
Ne laissez pas votre esprit vagabonder et vous empêcher de vous concentrer sur Dieu.

Veillez et disciplinez-vous de manière à ne pas laisser passer le moment du jeûne sans prier, lire la Bible et passer du temps avec Dieu.

Évitez de discourir sur trop de sujets qui n'ont rien à voir avec Dieu ou la Bible; il serait mieux de vous isoler un peu.

Ne jeûnez pas si vous n'avez pas un objectif précis car le jeûne doit en avoir un.

Ne faites rien pour satisfaire les désirs de la chair, car un des objectifs du jeûne est le contrôle de la chair.

Ne défendez pas vos intérêts matériels au moment du jeûne.
Ne maltraitez pas vos domestiques (ceux qui vous aident dans les tâches ménagères).

Évitez les injures, les disputes, les bagarres et les mauvais coups. Ésaïe 58 :4.

Ne prenez pas un air triste pour montrer aux autres que vous jeûnez.
Ne dites pas du mal des autres (ne médisez pas) et ne soyez pas partial.

Ce que nous devons faire en jeûnant

Nous devons poursuivre un but. Cela veut dire que le jeûne doit avoir un objectif. La raison qui vous pousse à jeûner doit être bien claire dans votre tête.

Nous devons déterminer la durée du jeûne et décider s'il est total (privation de nourriture et de boisson, sauf de l'eau) ou partiel (prendre un seul repas par jour de jeûne).

Nous devons consommer beaucoup d'eau.
Nous devons avoir une bible à notre portée, un cahier de notes et un stylo pour écrire ce que Dieu nous dit afin de ne pas l'oublier.

Si vous êtes obligé d'aller travailler ou de vaquer à d'autres activités pendant le jeûne, vous devez prendre toutes vos dispositions pour prier, lire la Bible et passer du temps avec Dieu pour que le jeûne ne ressemble pas à une grève de faim.

Si vous êtes malade ou que votre santé n'est pas robuste, il est sage d'avoir l'avis de votre médecin avant.

Selon Ésaïe 58, nous devons marcher dans la droiture, c'est-à-dire nous détourner de nos mauvaises pratiques.

Nous devons agir avec justice envers les autres.
Nous devons relâcher tous nos esclaves. Il est vrai qu'il n'y a plus d'esclaves aujourd'hui, mais nous gardons souvent rancune à plusieurs prisonniers que nous devons libérer avant de nous présenter devant Dieu dans le jeûne.

Nous devons soulager les opprimés.

Le jour du jeûne, nous devons partager notre nourriture avec ceux qui sont dans le besoin.

Nous devons aider les sans-abri si nous en avons les moyens.
Nous devons donner un habit à ceux qui n'en ont pas.
Nous devons tendre la main aux frères et sœurs de l'église ou du Corps de Christ qui sont dans le besoin.

Dans Ésaïe 58 :8, Dieu dit : « *Alors (lorsque tu jeûnes de cette manière), ta lumière poindra comme l'aurore, et ta guérison germera promptement; ta justice marchera devant toi, et la gloire de l'Éternel t'accompagnera.* » Il est dit au verset 9 : « *Alors tu appelleras, et l'Éternel te répondra; tu crieras, et il dira : Me voici.* » Le verset 10 dit : « *Ta lumière se lèvera sur l'obscurité, et tes ténèbres seront comme le midi.* » Verset 11 : L'Éternel sera toujours ton guide, Il rassasiera ton âme dans les lieux arides, et Il redonnera de la vigueur à tes membres; tu seras comme un jardin arrosé, comme une source dont les eaux ne tarissent pas. Le verset 12 parle de la façon dont Dieu restaurera notre vie spirituellement, physiquement, matériellement et socialement, quand nous jeûnons conformément à Sa volonté. Dieu prendra plaisir à notre jeûne, et même le pays en bénéficiera. On nous appellera ceux qui rendent le pays habitable.

Mes frères et sœurs, nous devons veiller à ce que nos jeûnes ne soient pas des vains efforts. Nous devons appliquer les principes pour que Dieu entende nos prières et nous exauce des cieux.

VI. Les bénéfices du jeûne

Les bénéfices qui accompagnent le jeûne sont considérables et importants. Nous le savons déjà, tous les principes de Dieu visent notre bonheur. Lorsque nous obéissons, marchons et vivons selon les principes de Dieu, nous sommes toujours les plus grands bénéficiaires. Les bénéfices occasionnés par le jeûne dans la vie de ceux qui le pratiquent touchent les domaines spirituel, émotionnel et physique.

Bénéfices spirituels

a) Notre relation avec Dieu croît

L'élément capital qui bâtit une amitié est le fait de passer du temps ensemble. Deux amis qui passent beaucoup de temps ensemble à l'école ou au travail finiront par bien se connaître l'un l'autre. De même, lorsque quelqu'un passe beaucoup de temps avec Dieu, il arrivera à Le connaître profondément. Deux personnes qui passent beaucoup de temps ensemble s'influenceront l'une l'autre. Il peut arriver qu'elles partagent beaucoup de choses en commun puisqu'elles exercent un impact l'une sur l'autre. Mais la plus influente aura plus d'impact sur l'autre. Il en est de même de la relation de l'homme avec Dieu. Lorsque nous passons beaucoup de temps (*du temps de qualité*) avec Dieu, Il exercera une grande influence sur nous et nous serons identifiés facilement comme les siens. Considérons seulement deux exemples :

A) Moïse.- Le livre d'Exode nous dit qu'il passa, à deux reprises, 40 jours sur la montagne dans la présence de l'Éternel, sans compter les nombreuses fois qu'il Lui avait parlé. Qu'arriva-t-il ? Le reflet de la gloire de Dieu reposa sur Moïse à un point tel que le peuple d'Israël ne put le fixer du regard. Ce qui l'obligea à porter un voile sur son visage. C'est ainsi que la gloire de Dieu sera manifeste dans nos vies quand nous passons beaucoup de temps dans le jeûne et la prière avec Lui.

B) Jésus et Ses disciples.- Ils passèrent environ 3 ans et demi ensemble. Ils prièrent, mangèrent et œuvrèrent ensemble avec le Maître. Le Maître leur enseigna. Ils subirent donc l'influence du Maître d'une manière considérable. Pour pouvoir l'arrêter, les soldats durent se faire aider d'un espion qui leur indiqua qui parmi les disciples était le Maître. Nous voyons ce qui arriva à Pierre quand on jugeait Jésus chez le souverain sacrificateur (*grand prêtre*). Trois personnes différentes l'identifièrent comme ayant été avec Jésus. Son langage, son accent, sa façon de parler, tout cela le fit identifier comme disciple de Jésus. Tel est le pouvoir d'une bonne relation. Ce n'est qu'ainsi que les vertus de Christ seront manifestes dans notre vie.

b) Le jeûne nous donne la victoire sur les démons

Après avoir accepté le Christ, nous ne sommes pas automatiquement délivrés des puissances démoniaques qui contrôlaient notre vie. Il va de soi que nous sommes devenus enfants de Dieu au moment même où nous acceptons Jésus comme notre Sauveur et notre Seigneur, mais nous ne sommes pas totalement délivrés. Considérons la résurrection de Lazare. Jésus commande à Lazare de sortir du tombeau et la vie entre dans le corps qui est déjà en putréfaction. Lazare sort vivant du tombeau, dans un corps plein de vie. Il est vrai que Lazare est vivant, mais il avait tout le corps enveloppé de bandes et de linges. Maintenant vient la deuxième phase : Jésus ordonne qu'on le délit, qu'on lui enlève les bandes et qu'on le laisse aller. C'est cette phase que nous appelons délivrance, celle succédant à la conversion.

Les péchés que commet un chrétien sont souvent le résultat d'une influence démoniaque quelconque sur sa vie. Ainsi on peut remarquer qu'il y a des péchés qu'un chrétien a plus tendance à commettre que d'autres, dépendamment du type de démon qui domine sa vie. Ils sont nombreux ceux qui sont dans le royaume et qui sont encore dominés par toutes sortes de mauvais esprits et c'est pour cela qu'ils créent autant de problèmes dans les églises. Ce démon ou ces démons exercent toujours un contrôle sur la vie de chrétien. C'est ce qui explique son incapacité à mener une vie victorieuse comme enfant de Dieu : ces démons agissent de différentes manières dans la vie des gens.

Maître, enseigne-nous à prier!

Ceux-ci peuvent présenter des troubles de personnalité tels des faiblesses de caractère : le mensonge, le commérage, la jalousie, la haine, la capture de ce qu'on a prêté, le péché sexuel, la maladie... Toutes ces choses sont des problèmes que nous rencontrons chaque jour dans nos églises. L'Église se doit de reconnaître ce ministère de la délivrance et de bien le remplir car les membres en ont grandement besoin.

Plusieurs de ces démons peuvent être présents dans la famille du chrétien depuis plusieurs générations. Ne pensez pas qu'il s'en va sous la menace d'une simple prière, car il est chez lui; il va falloir réunir beaucoup plus de force pour le faire sortir. Dans Matthieu 17 :14-21, nous voyons qu'un démon refusa de partir malgré les prières incessantes des disciples. Ce n'est que lorsque Jésus vint et lui ordonna de sortir qu'il s'en alla finalement. Les disciples demandèrent ensuite à Jésus pourquoi ils n'avaient pas pu chasser le démon. Jésus leur répondit : « Cette sorte de démon ne peut sortir que par la prière et par le jeûne. » Il est important de comprendre que beaucoup de nos faiblesses de caractère ou certaines maladies que nous pensons être normales, sont souvent des influences démoniaques dont le jeûne peut nous délivrer.

c) Il nous aide à contrôler notre chair

Le plus grand ennemi du chrétien est la chair. Cet ennemi se manifeste souvent à travers nos mauvais désirs. Il est dit dans Romains 8 que la chair ne peut se soumettre à la volonté de Dieu, c'est-à-dire que tout ce qu'on peut attendre de la chair va à l'encontre des principes divins. Galates 5 :19-21 nous donne une description détaillée sur les fruits de la chair. Galates 5 :16 nous dit de marcher selon l'esprit pour ne pas gratifier les désirs de la chair, laquelle veut toujours l'emporter sur l'esprit car elle se nourrit généralement mieux et plus facilement que l'esprit. Elle est gratifiée par nos cinq sens, ce qui veut dire qu'elle ne fait pas beaucoup d'effort pour se nourrir et se fortifier. Alors que pour gratifier l'esprit, le chrétien doit faire preuve de beaucoup de discipline et de détermination. Cela veut dire que nous devons prier souvent, étudier la Parole souvent et jeûner au moins une fois par semaine.

Bien souvent les chrétiens présentent toutes sortes d'excuses pour ne pas mettre ces choses en application. Frères et sœurs, la vérité est que le jeûne est le plus grand remède pour combattre la chair. Voulez-vous vaincre la chair? Eh Bien, jeûnez et vous verrez le résultat.

d) Il apporte plus d'onction dans notre vie

Notre force, notre sagesse, notre intelligence, malgré toute leur importance, ne suffisent pas pour nous faire remplir avec efficacité l'œuvre que nous accomplissons pour Dieu. La puissance que nous devons voir se manifester à travers nos prédications, nos enseignements, nos chants et nos prières ne peut se manifester que lorsque l'onction du Saint-Esprit devient une réalité en nous.

Dans Actes 10 :38, la Parole dit : « *Vous savez comment Dieu a oint du Saint-Esprit et de force Jésus de Nazareth, qui allait de lieu en lieu faisant du bien et guérissant tous ceux qui étaient sous l'empire du diable, car Dieu était avec lui.* » Quand Dieu a-t-Il oint Jésus? C'est quand Il était allé jeûner pendant quarante jours dans le désert. Il en était ainsi pour les disciples. C'est en priant, dans l'intimité de la chambre haute, que l'onction vint. Aujourd'hui si nous voulons, nous aussi, voir l'onction se manifester puissamment dans nos vies, nous devons jeûner. Le jeûne est le prix à payer pour que l'onction de Dieu se manifeste dans notre vie. Nous ne verrons jamais la manifestation de l'onction de Dieu dans notre vie si nous refusons de jeûner.

Renseignez-vous sur tous les serviteurs de Dieu ou les ministères qui ont fait des exploits dans le passé ou qui en font à notre époque, vous verrez que le jeûne est à la base de leur succès. Le jeûne est la clé qui nous permet d'ouvrir les portes de l'onction de Dieu et d'en prendre la quantité dont nous avons besoin.

e) Dieu nous accorde de nouvelles révélations

La Bible dit que Dieu a manifesté ses voies à Moïse et ses œuvres aux enfants d'Israël. Psaume 103 :7. Il y a des chrétiens qui ne peuvent voir que les œuvres de Dieu. Cela veut dire que quand ils ont un problème, ils prient et Dieu répond. Mais ils n'obtiendront jamais les révélations de Dieu. Pourquoi? La raison est qu'on ne dit pas ses secrets à n'importe qui. Il faut être intimement lié à quelqu'un pour lui confier ses secrets. Il en est de même pour Dieu. Il dévoile ses secrets à ceux qui entretiennent de bonnes relations avec lui.

Dans Genèse 18, nous voyons Dieu prendre toutes les dispositions pour détruire les villes de Sodome et de Gomorrhe, mais il dit ne pas pouvoir opérer ce ravage sur la terre sans en informer Abraham. Dieu était déjà en chemin, il revint sur ses pas et alla informer Abraham de ce qu'il était sur le point d'accomplir.

Quand notre relation avec Dieu est intime, nous connaîtrons beaucoup de choses qu'ignorent les chrétiens ordinaires. C'est pourquoi Moïse avait une relation privilégiée avec Dieu comparativement au peuple d'Israël. La lecture du livre du Deutéronome nous montre que Dieu avait déjà révélé à Moïse tout ce qui allait arriver au peuple d'Israël à son entrée en Canaan.

Daniel avait aussi ce genre de relation avec Dieu. Vous vous souvenez du songe du roi Nebucadnetsar, comment Dieu l'a révélé à Daniel et lui en a donné l'explication. Au chapitre 4, le roi eut un autre songe, mais ne le comprit pas. Dieu en donna l'explication à nouveau à Daniel. Dans un jeûne, Daniel demanda quelque chose à Dieu. Non seulement Dieu agréa sa demande, Il lui donna aussi une révélation qui transcenda son époque – Daniel 9 et 10.

Dans 2 Corinthiens 12, l'apôtre raconte comment Dieu le fit visiter le ciel et qu'il n'est pas permis à un homme d'exprimer ce qu'il vit et entendit. Ce sont autant de grands privilèges dont un chrétien peut jouir quand il se discipline à passer du temps avec Dieu dans la prière et le jeûne. Dieu donne Ses révélations à quiconque passe du temps avec Lui.

- Qu'est-ce qu'une révélation?

Il est important que nous fassions cette petite clarification, car il y a beaucoup de chrétiens qui prennent plaisir à appeler révélations tous les rêves qu'ils font. Il nous faut savoir qu'il y a une grande différence entre rêve et révélation. Cela ne veut pas dire que Dieu ne puisse montrer quelque chose à quelqu'un pendant le sommeil. La révélation est le dévoilement d'une chose qui était cachée. Cela veut dire que Dieu dévoile une chose qui va se produire avant même qu'elle ne se produise. Toute révélation venant de Dieu doit être toujours en accord avec la Bible. Ainsi lorsque vous faites un rêve et que vous pensez que c'est Dieu qui vous parle, comparez-le avec la Parole de Dieu. S'il n'est pas en accord avec la Parole, sachez que c'est le diable qui vous a parlé ou que vous avez trop mangé avant d'aller dormir.

f) Il détruit les forces infernales qui retiennent notre délivrance

Jean 10 :10 nous dit clairement que Satan est un voleur. Dans le jardin, il a subtilisé à Adam le pouvoir que Dieu lui avait donné de dominer sur la création. Lors de la tentation, il chercha à faire la même chose avec Jésus. Mais grâces soient rendues à Dieu, il trouva quelqu'un de taille à lui faire face. Aujourd'hui encore, il agit de la même manière envers les chrétiens ignorants qui ne comprennent pas toute la puissance que le sacrifice expiatoire du Christ sur la croix a mise à leur disposition.

Dans l'Ancien Testament, nous voyons que Satan chercha à enlever une bénédiction à Daniel. Daniel, un serviteur de Dieu avisé, pria avec connaissance. Il savait que, selon la Parole, la réponse devait venir. C'est pourquoi il persévéra dans la prière jusqu'à ce qu'elle vienne. C'est là que nous les chrétiens d'aujourd'hui commettons une erreur, car trouver une réponse semble ne pas être une priorité pour nous. Cette attitude donne à Satan l'occasion de nous voler beaucoup de bénédictions. C'est quand Daniel obtint la réponse qu'il sut que Dieu avait entendu et exaucé sa prière dès le premier jour. Qu'arriva-t-il alors? Y-avait-il un embouteillage là-haut? Le démon qui dominait sur la ville où se trouvait Daniel empêcha Gabriel d'apporter la réponse à Daniel. Ainsi il passa trois semaines à jeûner. Quand Dieu remarqua que les mêmes prières lui étaient adressées chaque jour pour une réponse qu'Il avait déjà donnée, Il dit : Ah non, il y a quelque chose qui ne marche pas! Quand Il demanda des nouvelles de Gabriel, on Lui dit qu'Il n'était pas encore retourné. Alors Dieu dépêcha un archange (commandant en chef) de l'armée angélique, Michaël, pour aller voir ce qui était arrivé à Gabriel. C'est ainsi que lorsque Michaël arriva sur le territoire spatial du royaume de Perse, il trouva le démon régnant sur la ville de Perse aux prises avec Gabriel, obstruant son passage. Michaël le libéra et c'est alors qu'il arriva finalement auprès de Daniel. Quand nous avons l'assurance que nos prières sont en accord avec la volonté de Dieu et que nous sommes en parfaite communion avec Dieu, si la réponse ne se manifeste pas, ce n'est pas parce que Dieu n'a pas répondu. Soit que la personne à qui est destiné la réponse à la prière ne décide pas encore à obéir à Dieu, soit qu'un démon entrave le processus. Nous devons continuer à prier jusqu'à ce que la force de la résistance soit brisée et que la bénédiction nous soit parvenue. En ce sens, un chrétien qui prie est semblable à un soldat en guerre. Il doit avoir la conviction de frapper avec son arme jusqu'à ce qu'il gagne la guerre. Le jeûne est le moyen que Dieu nous donne pour détruire toutes les forces infernales qui se dressent contre nous, nos familles, nos églises, notre pays. La victoire est toujours possible pour qui lutte à genoux.

g) Nous trouvons l'appel de Dieu pour notre vie

Dans le jeûne, Dieu peut nous révéler l'œuvre spécifique qu'il veut que nous accomplissions pour Lui.

Nous œuvrons souvent dans le ministère avec incertitude sans connaître exactement la volonté de Dieu pour nous. Dans une telle situation, avant même d'avoir l'avis des autres, il serait mieux que nous jeûnions et demandions à Dieu de nous éclairer à ce sujet. Dans Actes 13, nous voyons qu'il y avait dans l'église d'Antioche plusieurs frères qui s'étaient engagés dans un ministère quelconque. Un jour, pendant qu'ils jeûnaient, le Saint-Esprit dit : « *Mettez-moi à part Barnabas et Saul pour l'œuvre à laquelle je les ai appelés.* » Il est vrai que ces hommes travaillaient, mais ils n'avaient jamais encore fonctionné dans le cadre de leur appel (*vocation*). Nous croyons qu'il y a beaucoup de frères et sœurs de l'église qui se trouvent dans une situation où ils n'ont pas encore reçu un appel spécifique de Dieu pour leur vie. Nous remarquons dans ce passage la sagesse des responsables de l'église d'Antioche. Dieu parla, et ils ne résistèrent point. Ils ne réfléchissent pas à l'utilité de ces hommes pour l'église. Dieu leur demanda d'aller œuvrer comme missionnaires, ils prièrent avec eux et les relâchèrent.

Les leaders d'église sont parfois trop possessifs. S'il y a un bien-aimé qui a du talent pour faire quelque chose, ils ne veulent pas parfois le relâcher. Ces pasteurs doivent savoir que les membres (les gens) et l'église appartiennent à Dieu. S'il ordonne à un membre de se déplacer, sachez qu'Il a déjà un plan de substitution. Si vous êtes à court de vision pour votre vie, votre famille, votre famille, votre business, votre pays..., il n'y a que le jeûne qui puisse résoudre ce problème.

h) Le jeûne nous permet de bien commencer

Une des meilleures façons de commencer une affaire (business) ou une relation sentimentale est par le jeûne. Nous voyons qu'avant même que Jésus n'ouvre la bouche pour dire à quelqu'un Shalom, il est allé jeûner. Il est allé chercher Dieu, la grâce, la miséricorde et l'onction pour l'œuvre qu'Il allait accomplir.

Proverbes 3 : 5,6 dit : « *Confie-toi en l'Éternel de tout ton cœur, et ne t'appuie pas sur ta sagesse; reconnais-le dans toutes tes voies, et il aplanira tes sentiers.* » Il est dit dans le Psaume 127 dit que si nous n'avons pas la faveur de Dieu, c'est en vain que nous nous levons tôt et nous nous couchons tard. Quand la vision d'un ministère est bien définie, c'est parce que le leader, avant de commencer, avait pris le temps de chercher Dieu par le jeûne et la prière. C'est très important même pour notre vie personnelle, car nous rencontrons des gens qui ont appris des métiers mais n'ont jamais eu la chance de s'en servir. C'est une perte de temps et d'argent. Cela est arrivé parce que la personne n'a jamais connu d'avance la volonté de Dieu pour sa vie. Nous devons encourager les enfants, les jeunes gens dans le Corps de Christ à chercher la volonté de Dieu pour leur vie dans la prière et le jeûne. Ils pourront mieux s'orienter dans leurs études. Cela les aidera à économiser du temps et de l'argent. Le jeûne est le meilleur moyen de poser les fondements de tout ce qu'on entreprend dans la vie.

i) Bénéfices émotionnels

Nous trouvons parfois à l'église beaucoup de personnes qui sont de mauvaise humeur ou tristes, ne connaissant jamais un moment de contentement, ne parlons pas de joie, parce qu'ils souffrent dans leurs émotions. Ils sont blessés dans leur passé à un point tel qu'ils n'arrivent même pas à se faire de vrais amis. Souvent ces problèmes sont liés à des activités démoniaques dans la vie du chrétien.

Ces problèmes d'ordre émotionnel empêchent une vraie communion fraternelle entre nous. C'est l'une des pratiques les plus importantes dans la vie d'une église. Jésus dit : « *À ceci tous connaîtront que vous êtes mes disciples, si vous avez de l'amour les uns pour les autres (Jean 13 :35).* » Lorsque nous avons des problèmes émotionnels, nous ne pouvons pas exprimer réellement notre amour les uns pour les autres.

Les troubles d'ordre émotionnel tels l'amertume, la haine... deviennent parfois de grandes forteresses dans notre vie et nous imposent des limites dans notre relation avec Dieu et les autres. Certains chrétiens n'arrivent même pas à identifier ces choses comme des problèmes. Ils prétendent alors qu'ils sont naturels, que c'est leur tempérament ou qu'ils tiennent cela de leur (*famille*). Un chrétien avisé comprendra rapidement que dans un pareil cas il a affaire à un esprit familial, un esprit qui est présent dans la famille depuis des générations.

Dans une telle situation, identifier le problème est une chose, le résoudre en est une autre. Un serviteur de Dieu peut bien imposer les mains pour prier et ordonner à l'esprit ou aux esprits de s'en aller. Parfois la personne en question peut prier pour elle-même. Mais dans plusieurs cas, ces prières ne résolvent pas le problème. Le chrétien qui est confronté à ce problème doit d'abord l'identifier en tant que tel, ensuite confesser ce péché d'idolâtrie (lorsque l'un des grand- parents avait pris toutes les dispositions pour inviter cet esprit ou ces esprits dans la famille) à Dieu et renoncer à cet esprit afin de révoquer tous les droits qu'il a sur lui, sa famille ou ceux qui sont placés sous son autorité tels sa femme ou son mari et ses enfants. Dans ce cas, le jeûne est la meilleure arme capable de chasser ce démon ou ces démons de sa vie ou de sa famille. Même après les avoir chassés par le jeûne et des prières, il va devoir rompre tout lien spirituel l'ayant uni à ses parents, déclarant que désormais le sang de Jésus se tient entre lui et eux. Il doit fermer toutes les portes de son cœur pour que cet esprit malin n'y revienne pas. Selon l'enseignement de Jésus, quand un esprit a été chassé de quelqu'un, il considère toujours cette personne comme sa demeure. C'est pourquoi de temps à autre, il revient pour voir s'il peut y retourner. Le cas échéant, il ne retourne pas tout seul. Jésus dit que si ce chrétien clochait des deux côtés, le démon qui l'avait déjà possédé accompagné de sept autres plus méchants que lui rentre en cette personne. La dernière condition de cette personne est sept fois pire que la première. Luc 11 :24-26.

j) Bénéfices physiques

Beaucoup de personnes pensent que la nourriture est l'élément le plus important pour la subsistance de l'homme. Bien qu'elle soit nécessaire au bon fonctionnement de notre organisme, elle n'est pas pour autant la plus importante. On peut vivre sans nourriture pendant des dizaines de jours, sans mourir. D'après la science médicale, les éléments les plus indispensables à l'homme sont :

L'oxygène – Si nous ne la respirons pas juste pendant quelques minutes, nous mourrons.
Le sommeil – L'expérience montre que si quelqu'un passe plusieurs jours sans sommeil, il mourra.
L'eau – Si quelqu'un ne boit pas d'eau pendant plusieurs jours, il mourra.
La nourriture – L'abstinence de nourriture commencera à avoir des effets après plusieurs jours. On peut passer plusieurs jours sans prendre de nourriture sans que cela ne dérange notre organisme, pourvu que nous buvions de l'eau.

Selon le docteur Carton, la maladie nous atteint quand il y a des infractions qui sont commises dans la circulation des énergies vitales de notre organisme. La maladie vient comme une sanction à cause des lois naturelles qui sont violées dans notre système organique.

Selon le médecin, la maladie n'est pas un accident, mais un résultat, un signal lancé par l'organisme pour faire savoir qu'il a besoin d'être purifié et préservé.

Selon des recherches, Hippocrate, que l'on considère comme le père de la médecine moderne, recommandait souvent aux patients de se priver d'aliments surtout quand leur cas était très grave. De nos jours, les médecins prescrivent aux malades de manger pour que leur organisme ait des forces pour combattre la maladie. Si le patient ne mange pas, il peut même mourir ou la maladie peut empirer. Selon le docteur Shelton, si le patient jeûne, c'est-à-dire s'il ne prend pas de nourriture, cela lui fera du bien car le jeûne est un repos physiologique. Cela veut dire que lorsque nous ne mangeons pas, nos organes sont au repos et ce repos facilite la guérison de l'organe (malade). Nos forces vitales travaillent en vue de réparer tous les organes qui sont malades.

Il est important de constater que les animaux ne mangent pas quand ils tombent malades. Ils recommencent à se nourrir lorsqu'ils sont guéris. Souvent les gens ont envie de vomir à la vue de la nourriture. N'est-ce pas un message qu'envoie le corps pour dire que la nourriture ne lui convient pas sur le moment?

Lorsque nous jeûnons, notre organisme pratique une activité qui s'appelle autolyse, laquelle est un phénomène dans lequel une série de cellules de notre corps se désintègre ou s'absorbent au moyen des enzymes qui sont des cellules produites par notre organisme.

Le docteur Shelton explique qu'il observait une dame âgée de quarante ans environ qui avait un fibrome de la grosseur d'une pamplemousse. Après que cette dame eut fait un jeûne total sans rien prendre sauf de l'eau, le fibrome disparut complètement vingt-huit jours plus tard. Il observa le cas d'une autre dame qui avait le même âge. Une fois de plus, le fibrome se rapetissa considérablement. Nous devons savoir que malgré tout cela, le phénomène de l'autolyse connaît des limites. Elle n'est pas une panacée (*un remède universel*).

Lorsque nous jeûnons, il s'opère un regain de jeunesse en nous. Les toxines de notre organisme se consument. Cela explique aussi pourquoi lorsque nous jeûnons, notre bouche dégage une odeur désagréable les premiers jours. Quand les toxines se consument, c'est le poumon qui se charge du dégagement du gaz.

Au su de tous, le jeûne permet la destruction des déchets de l'organisme (*les toxines*), restaure les organes suite à des excès de nourriture, combat la malnutrition ou les difficultés à faire de la digestion et à absorber les vitamines qui sont dans la nourriture. Le jeûne est un moyen efficace de prévenir la maladie et d'assurer un équilibre dans le fonctionnement des hormones. Les recherches qui ont été effectuées en vue de déterminer l'efficacité et l'impact du jeûne sur la santé, révèlent des résultats positifs dans le traitement de beaucoup de maladies, comme :

les allergies alimentaires.
les maladies cardio-vasculaires (tension artérielle, problèmes cardiaques, cancer, obstruction des veines).
les problèmes dermatologiques (eczéma, mauvaise odeur des pieds).
le système de défense de l'organisme.
le diabète.
les troubles digestifs.
les inflammations (rhumatisme, douleurs au niveau des os, écoulement).
les maladies imaginaires.
les troubles respiratoires.
les maladies mentales ou psychiatriques (folie, irascibilité).
la perte de poids.

Il est vrai que le jeûne fait perdre du poids. Un groupe de réflexion sur l'obésité rapporte l'expérience d'un jeune garçon de 27 ans qui avait jeûné partiellement pendant 328 jours et perdu 276 livres sans aucun effet sur sa santé. Les études montrent aussi que le jeûne ne suffit pas pour maintenir un poids normalement pendant longtemps. On doit changer de mode de vie et adopter un bon régime alimentaire accompagné d'exercices physiques.

Une étude qui a été menée pour 121 personnes obèses qui avaient jeûné pendant 2 mois montre que 50% redeviennent obèses après 2 ou 3 ans et 90% après 5 ans.

Enfin, le jeûne est une activité religieuse qui agit sur notre organisme. Comme dans la prière et dans les offrandes, il y des dangers à éviter en le pratiquant. Il faut pour cela impliquer la participation de notre corps. Dans le sermon sur la montagne, Jésus mit ses auditeurs en garde contre la tentation de s'attirer les regards quand on rend un culte à Dieu

Matthieu 6 :1-8. Dans ce message, Jésus voulait les aider, nous aider également, à devenir plus vrais, plus réels et plus honnêtes dans les choses de Dieu. Nos actions doivent traduire en réalité les sentiments de nos cœurs envers Dieu, mais non pas d'une manière ostentatoire, à l'exemple des prophètes de l'Ancien Testament qui exhortaient les gens à se focaliser beaucoup plus sur ce qui se passe dans leurs cœurs que sur les cérémonies rituelles.

Dans l'Ancien Testament, quand les gens jeûnaient, ils avaient souvent tendance à déchirer leurs vêtements, se raser la barbe, se couvrir la tête de poussière, s'envelopper de sac, se coucher dans la poussière ou dans la cendre. Le prophète Joël leur dit de déchirer leurs cœurs au lieu de leurs vêtements. Ce qui veut dire que si nos cœurs ne sont pas droits, il ne sert à rien de jeûner 7, 15, 21 ou 40 jours; ça ne rendra Dieu ni chaud ni froid. Au contraire, cela apportera plus de malédictions que de bénédictions dans notre vie.

Résolvons-nous à jeûner comme Dieu le veut (*Ésaïe 58*) et nous verrons avec stupéfaction la grande transformation que cela apportera dans notre vie, notre familles, nos églises, nos affaires, nos communautés et notre pays.

Chapitre X

La guerre spirituelle

Tout chrétien avisé sait parfaitement que la vie chrétienne est un combat incessant. Soit que nous travaillions, soit que nous nous amusions, nous devons être sur nos gardes car notre adversaire n'est jamais en vacances ni en grève. C'est exactement au moment où l'on y pense le moins qu'il se lance à l'assaut. Nous voulons introduire ce chapitre par quelques définitions de la prière relatives au combat spirituel données par des ténors du monde chrétien.

Pour définir la prière adéquatement, on doit employer le langage de la guerre.

S.D. Gordon

La prière est un coup de téléphone au quartier général pour recevoir des ordres.

Oldham G. Ashton

L'homme qui dit ses prières le soir est un capitaine plaçant ses sentinelles. Après cela, il peut dormir.

Charles Baudelaire

Considérons la prière comme une arme puissante capable de déjouer les plans de Satan et de détruire son œuvre. Envisageons aussi la prière comme le principal moyen de communication avec notre divin général en chef lors de la guerre. Utilisons la prière pour demander à notre commandant suprême d'ouvrir nos yeux sur tous les aspects du conflit afin que nous discernions les positions ennemies et obtenions la force de poursuivre le combat.

Longman III, Tremper

Job 7 :1
Le sort de l'homme sur la terre est celui d'un soldat, et ses jours sont ceux d'un mercenaire.

2 Timothée 2 :3-5
Et ce que tu as entendu de moi en présence de beaucoup de témoins, confie-le à des hommes fidèles, qui soient capables de l'enseigner aussi à d'autres.

2 Corinthiens 10 :3-5
Si nous marchons dans la chair, nous ne combattons pas selon la chair. Car les armes avec lesquelles nous combattons ne sont pas charnelles; mais elles sont puissantes, par la vertu de Dieu, pour renverser des forteresses. Nous renversons les raisonnements et toute hauteur qui s'élève contre la connaissance de Dieu, et nous amenons toute pensée captive à l'obéissance de Christ.

1 Pierre 2 :11
Bien-aimés, je vous exhorte, comme étrangers et voyageurs sur la terre, à vous abstenir des convoitises charnelles qui font la guerre à l'âme.

Psaume 60 :13,14
Donne-nous du secours contre la détresse ! Le secours de l'homme n'est que vanité. Avec Dieu, nous ferons des exploits; Il écrasera nos ennemis.

Éphésiens 6 :10-20
Au reste, fortifiez-vous dans le Seigneur, et par sa force toute-puissante. Revêtez-vous de toutes les armes de Dieu, afin de pouvoir tenir ferme contre les ruses du diable. Car nous n'avons pas à lutter contre la chair et le sang, mais contre les dominations, contre les autorités, contre les princes de ce monde de ténèbres, contre les esprits méchants dans les lieux célestes. C'est pourquoi prenez toutes les armes de Dieu afin de pouvoir résister dans le mauvais jour, et tenir ferme après avoir tout surmonté.

Tenez donc ferme : ayez à vos reins la vérité pour ceinture; revêtez la cuirasse de la justice; mettez pour chaussure à vos pieds le zèle que donne l'Évangile de paix; prenez par-dessus tout cela le bouclier de la foi, avec lequel vous pourrez éteindre tous les traits enflammés du malin; prenez aussi le casque du salut, et l'épée de l'Esprit, qui est la Parole de Dieu. Faites en tout temps par l'Esprit toutes sortes de prières et de supplications. Veillez à cela avec une entière persévérance, et priez pour tous les saints. Priez pour moi, afin qu'il me soit donné, quand j'ouvre la bouche, de faire connaître hardiment et librement le mystère de l'Évangile, pour lequel je suis ambassadeur dans les chaînes, et que j'en parle avec assurance comme je dois en parler.

Gordon S.D.

Celui qui prie est comme un agent secret qui passe incognito mais sur lequel repose primordialement le succès de toute guerre spirituelle.

Rheault Yvan

La prière est la force pour vaincre Satan, dominer le péché et défaire l'enfer.

Bounds E.M.

Zacharie 10 :5
Ils seront comme des héros foulant dans la bataille la boue des rues; ils combattront, parce que l'Éternel sera avec eux; et ceux qui seront montés sur des chevaux seront couverts de honte.

Toutes les chaînes que portent les esprits tombent en morceaux par le souffle de la prière.

Whitthier John Greenleaf

Toutes ces citations nous présentent la prière comme une activité très importante qu'aucun chrétien ne doit prendre à la légère. Quand nous considérons l'importance qu'on accorde à la guerre dans notre monde physique, nous nous demandons si c'est parce que les chrétiens ne se rendent pas compte qu'ils sont effectivement dans une guerre sur cette terre contre les puissances infernales qu'ils se relâchent dans la prière.

a) Nous devons reconnaître que nous avons un ennemi

Plusieurs personnes pensent que Satan est inventé par les religions en vue de porter les gens à obéir à leurs principes doctrinaux. Quand on considère la façon dont plusieurs chrétiens vivent dans l'insouciance, on dirait que ceux qui parlent de la sorte semblent avoir raison. Mes chers amis, Satan n'est pas un mythe. Il est une entité bien réelle. La Bible nous donne trop d'informations pour qu'il n'existe pas. Voyons ce que la Bible nous dit de ce personnage.

b) Les différents noms de Satan

Porte-lumière, astre brillant. Es. 14 :12; 2 Co. 11 :13,16.
Satan signifie adversaire en hébreu. Za. 3 :1; 1 Th. 2 :1-8.
Le terme diable signifie calomniateur, celui qui accuse faussement en grec. Ap. 12 :9,10.
Le serpent ancien, c'est-à-dire celui qui séduit les gens. 2 Co. 11 :3.
Le destructeur, traduit en grec par Apollyon et en hébreu par Abaddon. Ap. 9 :11.
Le grand dragon rouge. Ap. 12 :3.
Le malin. 1 Jn. 5 :18-19.
Le tentateur. 1 Th. 3 :5.
L'esprit qui agit dans les fils de la rébellion. Éph. 2 :2.

c) Sa position

Il était un chérubin (ange protecteur) avant sa chute. Ez. 28 :14.
Le chef et prince de ce monde. Jn. 12 :31.
Le prince des démons. Mt. 12 :24.
Le dieu de ce siècle. 2 Co. 4 :4.
L'ange de l'abîme. Ap. 9 :11.

d) La nature de Satan

A l'exception du nom qu'il avait dans les cieux, avant son péché, tous ses autres noms se rapportent aux activités maléfiques qu'il entreprend : destructeur, accusateur, malin, tentateur, etc. Ils sont tous relatifs à ses diverses manigances parmi les hommes, ses plus grands ennemis après Dieu.

Les deux passages qui font un meilleur portrait de Satan sont Jean 10 :10 : Le voleur ne vient que pour dérober, égorger et détruire. C'est cette mission qu'il vient accomplir dans la vie de tous les enfants de Dieu sur la terre sous quel que soit la forme qu'il se présente. Malheur à celui qui ne décide pas de lui déclarer la guerre et de le combattre.

Le second passage est Jean 8 :44 : Vous avez pour père le diable, et vous voulez accomplir les désirs de votre père. Il a été meurtrier dès le commencement, et il ne se tient pas dans la vérité, parce qu'il n'y a pas de vérité en lui. Lorsqu'il profère le mensonge, il parle de son propre fonds; car il est menteur et le père du mensonge.

Personnellement, j'appelle ces deux passages la biographie de Satan. Cela veut dire que si quelqu'un veut savoir qui il est (vraiment), ce dont il est capable, ce qu'il peut espérer de lui, il doit lire ces deux passages.

Jean 10 :10 taxe Satan de voleur. Mais qu'est-ce qu'il a volé à l'homme (question). Avant d'arriver au Jardin, il cherchait à se substituer à Dieu dans le ciel. C'est pour cette raison que Dieu l'en a expulsé. Dans le jardin, il a dérobé à l'homme, non sans fourberie, le pouvoir que Dieu lui avait donné de dominer sur tout ce qui était sur la terre. Satan a non seulement pris le contrôle de la Terre, mais il a également pris le contrôle de l'homme. Quand Adam et Ève choisirent de désobéir aux ordres de Dieu en écoutant la voix de Satan, ils ont tout simplement donné à Satan le droit de dominer sur eux en particulier et sur l'humanité en général. C'est pourquoi la Bible dit dans 1 Jean 5 :19 : Le monde entier gît sous la puissance du malin. Ainsi, le genre de vie que Dieu avait voulu pour l'homme, Satan l'a volé et leur a donné la vie qu'ils vivent aujourd'hui. Satan a volé notre liberté, notre relation avec Dieu, notre santé, notre sainteté, notre prospérité, notre paix, notre amour, et finalement toutes les bonnes choses que Dieu nous a données pour vivre, et les a remplacées par la maladie, la pauvreté, la haine et toutes les autres malédictions qui opèrent depuis longtemps des ravages sur la terre.

Maître, enseigne-nous à prier!

La vérité, chers amis, est que presque toutes les bénédictions dont nous avons besoin pour bien représenter Dieu sur la terre et vivre le genre de vie qu'il veut que nous vivions ne sont pas entre ses mains; car Satan les a volées. Et si nous ne décidons pas de lui faire la guerre, nous ne pourrons pas les reprendre. Rappelez-vous que Dieu, avant même de créer Adam, avait déjà préparé l'environnement idéal qui lui permettrait de bien vivre en tous sens. La Bible dit que Dieu ne se repent pas de ses dons, c'est-à-dire qu'il ne les reprendra pas – Romains 11 :29. Si l'homme a perdu les bénédictions que Dieu lui avait données, c'est Satan qui les a dérobées.

e) Le monde spirituel (le monde invisible)

Nous ne pouvons pas parler de guerre spirituelle si nous ne savons pas ce qu'est le monde invisible. Si nous allons être des guerriers spirituels efficaces, nous devons bien comprendre le fonctionnement du monde invisible. D'aucuns pensent que seul le monde physique où ils vivent existe, puisque c'est lui qu'ils voient de leurs yeux physiques.

Le monde invisible est réel; il est aussi réel, pour ne pas dire plus réel, que le monde où nous faisons toutes nos activités. Nous devons comprendre que le monde invisible a existé avant le monde matériel et continuera d'exister après que le monde matériel aura passé. 2 Pierre 3 :11-13.

Si toutes ces belles choses que nous aimons et que nous sommes fiers de posséder seront consumées par le feu, quel comportement le chrétien devrait-il avoir sur la terre ? Cela serait censé convaincre le chrétien d'être plus conscient de la réalité du monde spirituel et de se demander tous les jours :

Quel impact est-ce que je fais sur le monde invisible par mon attitude, mes paroles et mes activités ?
Quelle influence le monde spirituel a-t-il sur moi?

Si nous nous posons ces questions chaque jour, nous sommes en passe de devenir des guerriers spirituels qui seront très efficaces. Le fait que nous ne puissions saisir quelque chose par nos sens, ne signifie pas qu'il n'existe pas. Jusqu'à ce que l'homme ait inventé l'appareil qu'on appelle microscope, la médecine ne savait rien des microbes. Or, le phénomène était là. Savez-vous que l'air ne se compose pas uniquement d'oxygène? Il y a aussi des sons et des images, mais nos yeux et nos oreilles ne sont pas suffisamment équipés pour les capter. C'est grâce à un petit appareil appelé radio ou téléviseur qu'on peut capter les sons et les images qui sont dans l'air. Nous devons être conscients de l'existence d'un autre monde à côté de notre monde physique.

Ce sont les anges qui opèrent dans le monde spirituel. Il y en a beaucoup qui œuvrent à nos côtés. Regardons quelques versets : Hébreux 1 :14; Psaumes. 91 :11,12; Matthieu. 18 :10; Actes. 12 :7, 8,15; 2 Rois. 6 :15-18.

Si nous dépendons toujours de Dieu, nous ne serons jamais victimes des circonstances, des gens ou de Satan, car Dieu a pourvu à notre protection quotidienne : Ses anges sont nos frères d'armes dans la guerre spirituelle que nous livrons contre le royaume des ténèbres.

f) Les activités des anges de Dieu

La Bible nous montre que les anges mènent trois sortes d'activités :
Ils font la guerre. Michaël est l'un des grands chefs. Daniel 12 :1; 10 :13; Apocalypse 12 :7.

Ils sont aussi des messagers. Gabriel en est un. Daniel 10 : 5, 6, 10,11; 9 :21; Luc. 1 :26,27.

Ils adorent Dieu et proclament sa sainteté. Ésaïe. 6 :1,2.

Leurs activités ne se confinent pas dans les cieux. Ils œuvrent aussi dans notre monde aux ordres de Dieu. Plus nous prions sur la terre, plus les anges reçoivent des ordres d'agir en notre faveur. Hébreux 1 :13,14; Psaumes. 103 :20.

g) Le royaume de Satan

Après le grand monde spirituel que dirige Dieu, il y a un autre petit royaume spirituel que la Bible appelle royaume des ténèbres, parce qu'il est gouverné par Satan qui n'y entreprend que des activités malhonnêtes.

h) Origine du royaume de Satan

Nous vous invitons à lire ces passages bibliques qui nous montreront qui était Satan avant de devenir Satan. Ézéquiel 28 :11-17; Ésaïe. 14 :12-16.

Avant de devenir Satan, Lucifer était un ange de la catégorie des chérubins. Selon ces deux passages, il jouissait de beaucoup de privilèges. C'est ce qui l'a gonflé d'orgueil.

Plusieurs chrétiens accordent à Satan une autorité et un pouvoir dont il ne dispose pas en réalité. Nous opposons souvent Dieu à Satan comme deux rivaux. Il n'y a jamais eu de lutte entre Dieu et Satan. Et Dieu ne l'a jamais combattu personnellement; ç'aurait été indigne de Sa part. Lorsque Lucifer s'était rebellé dans le ciel, c'est Michaël, un autre ange, qui l'avait expulsé. C'est alors qu'il est devenu Satan, ce qui signifie ennemi. Nous devons cesser de comparer Dieu à Satan.

Dieu est le créateur de tout ce qui existe. Il est infiniment grand, omnipotent et omniscient... Satan ne possède aucune de ces qualités. Ce n'est pas Dieu qui lui a donné le pouvoir qu'il détient maintenant. C'est nous les hommes qui lui avons donné un rôle important à jouer sur la terre quand Adam désobéit à Dieu dans le jardin. Puisque c'est nous qui avons créé le problème, Dieu veut que ce soit nous qui le résolvions et Il a donné le moyen de le faire avec beaucoup d'efficacité.

i) Organisation du royaume des ténèbres

Au premier niveau de contrôle, nous trouvons :
les dominations,
les principautés,
les puissances.

j) Les dominations

Leur rôle est de contrôler, diriger et surveiller. C'est un système qui a une organisation hiérarchique comme une armée et toutes sortes de grades, des plus grands aux plus petits.

Les démons n'ont pas tous la même puissance. Il y en a qui sont plus forts que d'autres. Matthieu 12 :43-45.

k) Les principautés

Les démons qui sont à ce niveau ont la responsabilité de contrôler un espace géographique bien déterminé. C'est ce qui explique qu'on peut trouver deux localités voisines et qui n'ont rien en commun, tellement elles sont différentes dans tous les domaines spirituellement, socialement, matériellement, etc. Daniel 10 :13 nous parle des principautés qui dominaient sur le royaume Perse. Ne vous êtes-vous jamais demandé pourquoi certaines zones ou certains pays sont entièrement hostiles à l'évangile ? Cela a quelque chose à voir avec les principautés qui contrôlent cette zone ou ce pays.

l) Les autorités (puissances)

La puissance de Satan se manifeste à travers le péché. Satan a la mesure du pouvoir que nous lui accordons sur la terre. Quand nous choisissons de pécher, nous donnons à Satan le moyen de manifester son pouvoir à travers ces réalités : l'homosexualité, la haine, le crime, le vol, le viol, la sorcellerie, la magie, le matérialisme... C'est ce qui fait qu'il y a un péché plus dominant dans une zone que dans une autre. Le moyen de combattre la puissance du péché, c'est de ne pas subir leur influence, de prier d'une manière stratégique et de vivre une vie nouvelle. Romains 6 :12,13.

> Au deuxième niveau de contrôle, il y a :
> les puissances ténébreuses.
> les esprits malins.

m) Les puissances ténébreuses

Ces entités exercent deux activités principales. Elles promeuvent le mensonge sur Dieu, sur l'homme et sur elles-mêmes en vue de juguler le développement du royaume de Dieu sur Terre. Elles promeuvent également un ensemble de systèmes politiques et religieux dont le communisme et l'Islam qui concurrencent l'évangile. 2 Co. 4 :3,4.

Maître, enseigne-nous à prier !

n) Les esprits malins

Les esprits malins s'attaquent aux personnes. Ce sont eux qui possèdent les gens et les poussent à faire des choses bizarres. Ils se manifestent aussi sous forme de maladies et d'infirmités. Marc 3 :11; 9 :25; Luc. 9 :39.

o) D'où vient l'autorité de faire la guerre à Satan ?

L'autorité que détient le chrétien ne dépend ni de ses sentiments ni de sa personnalité, ni du nombre d'années de conversion qu'il a. Elle se fonde plutôt sur une base légale qui est toujours effective. Elle n'a rien à voir avec nos émotions. Si vous demandez à une personne si elle est mariée elle peut vous donner deux réponses : oui ou non. Car le mariage est un acte légal garanti par un certificat délivré par l'État. Ainsi celui qui est marié sait qu'il est marié et celui qui ne l'est pas le sait aussi. Ainsi devons-nous être certains aussi que notre autorité se fonde en Jésus-Christ.

C'est l'une des raisons principales pour lesquelles Satan tenta l'homme : s'accaparer de l'autorité que Dieu avait confiée à l'homme. Dans le cas contraire, Satan aurait passé pour un inconnu sur cette planète. Il n'aurait exercé absolument aucun pouvoir sur la terre. Quand Adam désobéit à Dieu, il transféra légalement tous ses droits au diable.

Immédiatement après cette tragédie Dieu conçut un plan de rédemption en vue de restaurer l'homme dans sa position d'autorité. Jésus alla à la croix et marcha sur la puissance de Satan et des forces ténébreuses. Il les livra en spectacle et les dépouilla de toute l'autorité qu'ils détenaient : les principautés, les dominations les autorités. Jésus alla dans le royaume de Satan, le défia et reprit légalement l'autorité qu'il avait subtilisée.

Rappelez-vous que Dieu avait donné autorité à l'homme mais Adam s'en est fait déposséder par Satan. Notre autorité repose maintenant sur ce que Jésus fit à Satan en allant à la croix et en donnant Sa vie pour nous. Col. 1 :13-15; 1 Jn. 3 :8.

Nous devons nous imprégner profondément de cette vérité en vue de nous familiariser avec mieux que n'importe quelle autre partie de notre corps.

p) Ce que Jésus a fait pour nous

Il nous a délivrés de la puissance des ténèbres (Col. 2 :13; 3 :10; Éph. 2 :1; 1 Cor. 6 :9-11; Ti. 3 :3-7).

Il nous a rendus capables de résister au diable (1 Jn. 4 :4; 5 :4,5; 1 Pi. 5 :5-9; Jc. 4 :5-10).

Il nous a donné l'autorité (Luc 10 :19; Matthieu. 16 :18; Actes. 28 :5).

q) Comment devons-nous engager ce combat?

Pour livrer bataille contre Satan, quelqu'un doit :
- accepter Jésus-Christ comme son Sauveur et Seigneur;
- être un chrétien qui marche dans la sainteté.

Nous devons apporter certaines précisions sur la question de la sainteté. Quand nous disons sainteté, nous ne faisons pas référence à la sainteté extérieure qui dit : ne portez pas ceci, ne portez pas cela; si vous portez tel vêtement, vous irez tout droit en enfer! Ils n'ont d'ailleurs aucun verset de la Bible qui soutienne toutes ces interdictions. Quand on examine à tête reposée les quelques versets qu'ils avancent, on découvre qu'ils n'ont aucun rapport avec la doctrine qu'ils soutiennent. C'est ce genre de doctrine qui poussa Jésus à traiter les pharisiens, sur un ton réprobateur, de tombes blanchies, c'est-à-dire ils avaient l'apparence de la sainteté, mais leur cœur était dans le même état que l'intérieur d'une tombe. En observant l'attitude, le langage et les actions de certaines gens dans l'Église avec toute leur apparence de sainteté qui s'affiche dans l'interdiction de porter des boucles, des bijoux et de se faire défriser les cheveux, etc., je me demande si Jésus ne leur adresse pas le même reproche. La sainteté à laquelle nous nous référons consiste en une disposition prise par le chrétien dans son cœur de marcher et de vivre selon les principes de Dieu. Cette disposition aura des conséquences sur toute sa vie : son attitude, son langage, ses actions et sa tenue vestimentaire.

Maître, enseigne-nous à prier!

Ce ne sera pas pour plaire à une doctrine qu'il fera ou s'abstiendra de faire quelque chose, qu'il portera ou s'abstiendra de porter un vêtement, mais ce sera à cause de la conviction du Saint-Esprit. La sainteté dont nous parlons implique le respect des principes de la Parole de Dieu, la Bible.

Le chrétien doit savoir qu'il a également autorité dans le nom de Jésus-Christ, notre Seigneur. Quand il invoque ce nom avec foi, les démons prennent leurs jambes à leur cou – Philippiens 2 :5-11. Aucun démon, ni Satan, ne peut tenir tête à notre Seigneur Jésus – Éphésiens 1 :20-22. Nous devons nous rappeler que la Parole de Dieu nous donne la garantie que Jésus-Christ a déjà dépouillé Satan de toute son autorité et de tout son pouvoir. Par sa crucifixion et sa résurrection, Il détruisit et effaça l'acte de condamnation qui subsistait contre nous – Colossiens 2 :13-15; Jean 16 :33.

Le chrétien doit aussi reconnaître sa position en Jésus-Christ – Éphésien 1 :3-5, 11-14; 2 :4-6, 13-15.

Il doit reconnaître l'autorité que Jésus nous donne sur Satan – Luc 10 :19; Marc 16 :17,18; Jean 11 :12.

Le chrétien doit avoir la certitude que Jésus vit en lui – Matthieu 28 :20; Jean 6 :57; 17 :23; Romains 6 :5; 8 :35; Ga. 2 :20.

Il doit commander aux démons dans le nom de Jésus – Marc 16 :17,18; Actes 3 :6,16; 16 :18; Ph. 2 :9,10.

Il doit reconnaître que la guerre est sans répit. C'est une lutte qui le tient en haleine – 1 Pierre 4 :7; 5 :8,9; 1 Thessalonicien 5 :6-11. Dans vos moments de faiblesse, ne pensez pas que le diable aura pitié de vous. Au contraire, c'est à ce moment même que vous devez veiller. Satan ne prendra jamais en considération vos problèmes pour vous laisser en paix, au contraire c'est alors qu'il avancera sur vous, car il ne respire que la méchanceté.

La guerre spirituelle

Le chrétien doit toujours tenir compte de ses faiblesses en vue de dépendre continuellement de Dieu. Nous devons prendre toutes les mesures qui s'imposent en vue de renforcer nos points faibles afin de ne pas donner l'avantage à notre ennemi.

r) Trois domaines stratégiques clés que Satan ne doit pas contrôler

Dans le domaine de la guerre, on parle souvent de position stratégique, c'est-à-dire une série de zones très importantes pour l'armée, de sorte que si elle en perd le contrôle, elle peut automatiquement perdre la guerre. Dans le combat spirituel, il y a une série de parties de notre vie que nous ne pouvons-nous payer le luxe de laisser contrôler par le diable. Nous allons les voir successivement.

Notre pensée

Penser, c'est réfléchir et imaginer. Ne nous trompons pas nous-mêmes : nous ne serons jamais assez spirituels pour que les mauvaises idées ne nous viennent à l'esprit, car Satan nous bombarde tous de mauvaises idées, que nous soyons chrétiens ou non.

D'où viennent les idées? Viennent-elles de nous, de Dieu ou de Satan?

- Les idées qui viennent de nous

Il y a des idées qui nous viennent à l'esprit qui ne viennent pas directement de Satan. C'est le système qu'on appelle la chair qui nous inspire. Ces idées sont tout aussi dangereuses que celles du diable, car elles ne viennent pas de Dieu. Quand nous leur permettons d'être enracinées, l'ennemi les exploitera dans le sens de ses propres intérêts.

Lisons le passage de Matthieu 16 :21-23 : « Jésus, se retournant, dit à Pierre : Arrière de moi, Satan! Tu m'es en scandale; car tes pensées ne sont pas les pensées de Dieu, mais celles des hommes. » Quand nous laissons la chair nous diriger, nous nous mettons automatiquement au service de Satan. Jésus réprimanda Pierre comme s'il était Satan. Pourquoi? Parce que ce que Pierre avait dit n'aurait pas contribué à l'accomplissement de la volonté de Dieu. Au contraire, cette parole était prononcée à l'avantage du royaume des ténèbres. Nous devons combattre nos idées charnelles, car elles sont celles de Satan.

- Les idées qui viennent de Dieu

Les idées qui viennent de Dieu s'accorderont toutes avec Sa Parole, la Bible.

- Les pensées qui viennent du diable

Plusieurs des idées qui nous viennent à l'esprit viennent parfois du diable. Nous devons comprendre que Satan ne viendra pas avec une grosse voix pour nous dire quoi faire et ne pas faire. Au contraire, il se déguisera pour ne pas se faire reconnaître.

La vérité est que Satan ne peut se servir de nous pour faire n'importe quoi sans avoir notre permission. Voilà pourquoi nous devons établir un système de surveillance dans notre esprit pour que nous puissions détecter ses mauvaises idées. Ce système de surveillance doit fonctionner en tout temps, car Satan et ses démons ne se reposent jamais.

Nous devons nous rappeler que toute pensée impure, tortueuse, qui nous porte à nous dévaloriser ou à dévaloriser les autres, qui nous fait croire que personne ne nous aime ou qu'on nous rejette, vient du diable. Il y a longtemps que Satan fait ce travail.

La guerre spirituelle n'est autre chose que la détection des idées que le diable injecte dans notre pensée et leur rejet catégorique. Elles ne sortiront pas de par elles-mêmes de notre pensée. C'est à nous de les chasser. Nous devons prendre notre pensée au sérieux. Nous ne pouvons pas rester les bras croisés et laisser les mauvaises idées occuper ainsi notre pensée. Beaucoup pensent qu'ils sont les seuls à être confrontés à ce problème, donnant ainsi au diable la permission de faire comme bon lui semble. L'œuvre de l'ennemi est de distiller de mauvaises idées dans notre pensée, mais nous avons la responsabilité de rester vigilants et de ne pas laisser les mauvaises idées prendre racine en nous.

- Nous devons remporter la victoire dans nos pensées

Dieu nous a donné de l'imagination afin de pouvoir opérer dans le domaine de la foi et de la vision. La foi a grand besoin de l'imagination. Dieu nous a fait les promesses, mais c'est à nous d'en imaginer la réalisation.

La guerre spirituelle

Lisons 2 Corinthiens 10 :3-5. Le verset 4 dit : elles (*les armes avec lesquelles nous combattons*) sont puissantes par la vertu de Dieu, pour renverser des forteresses. Au verset 5, il explique ce que sont les forteresses. Si les armes de combat sont spirituelles, les forteresses le sont aussi. Elles sont les idées, les raisonnements et les imaginations qui se dressent contre la vérité de Dieu. Nous avons la responsabilité de renverser toute incrédulité, toute idée susceptible de nous affaiblir, toute idée négative, toute idée humiliante et qui fait peur. Ce sont toutes ces choses qui prennent racine dans notre pensée et qui deviennent des forteresses quand nous les laissons. Nous avons la responsabilité de nous tenir et de tenir notre imagination dans l'obéissance à la Parole de Dieu, comme un bon guerrier spirituel.

- L'imagination

La Bible dit que nous sommes créés à l'image de Dieu. Une des grandes qualités de Dieu est Sa capacité de créer. Cela veut dire que c'est Lui qui a créé toutes choses à partir du néant. Il les a seulement pensées et déclarées et elles ont existé. L'homme est l'image de Dieu, donc il est aussi créateur. Pensez à toutes ces choses que nous utilisons dans le monde physique telles que les maisons, les livres, les voitures, les chaudières. Elles n'avaient pas existé auparavant. Elles sont le produit de l'imagination de l'homme.

Notre cerveau a une capacité extraordinaire d'imaginer et de créer. On n'a pas besoin de lui donner quelque chose pour qu'il commence à travailler. Satan cherchera toujours à pénétrer notre imagination en vue de nous contrôler. Il s'est servi de notre imagination pour créer plusieurs de nos phobies. Plusieurs des choses dont nous avons peur n'existent pas en réalité; nous les imaginons tout simplement. Il y a des choses qui ne sont jamais survenues dans la vie. Or, nous vivons parfois dans la crainte qu'elles n'arrivent pas. C'est le diable qui se sert alors de notre imagination.

Nos attitudes et nos émotions

Dans Proverbes 4 :23, la Parole de Dieu nous exhorte à garder notre cœur plus que toute autre chose, car de lui viennent les sources de la vie. Notre tête et notre cœur sont les deux plus importantes parties de notre corps. Ce sont deux points stratégiques générant la vie à travers tout notre corps.

Un soldat qui est au combat prend toutes les dispositions nécessaires pour se protéger. Il porte un casque pare-balles pour se protéger la tête, un gilet pare-balles pour se protéger la poitrine. Il en est de même, d'un chrétien qui s'engage dans une lutte spirituelle doit prendre toutes les dispositions pour protéger les points stratégiques dont son cœur. Nous mettons trop souvent l'accent sur les péchés visibles, tandis que nous négligeons les péchés que nous commettons par nos attitudes telles la rébellion, l'orgueil. La Bible nous exhorte à ne pas donner accès au diable. Si vous lui donnez le doigt, il vous prendra le bras. Les péchés que nous commettons par nos attitudes donnent accès au diable (*dans notre vie*).

Nous devons veiller sur nos attitudes tout comme nous veillons sur notre toilette de notre corps, pour ne pas donner à Satan l'avantage sur nous. Quand nous avons une mauvaise attitude, nous bousillons le dispositif de sécurité que Dieu a établi pour notre protection. L'ennemi alors peut pénétrer comme bon lui semble et détruire notre vie.

Les émotions

Lisons Hébreux 12 :15. Ce verset dit clairement que lorsque la vie du chrétien est pleine d'amertume, ce péché peut affecter bien d'autres personnes. Tous ceux qui ont un problème d'amertume, c'est parce qu'ils ont été blessés émotionnellement et qu'ils n'ont rien fait pour résoudre le problème.

Quand quelqu'un est amer, il est aussi haineux. Il a un esprit de critique, est souvent acariâtre et change souvent d'église. À cause de la racine d'amertume qui est dans sa vie, il s'accompagne des problèmes partout où il passe. Dès qu'apparaît une racine d'amertume dans notre vie, nous devons l'arracher immédiatement car il est plus facile de l'arracher quand elle est en pousse que quand elle a grandi. Nous aurons alors plus de difficulté à l'arracher. C'est en ce sens que la Bible nous exhorte à ne pas laisser le soleil se coucher sur notre colère. Il faut battre le fer pendant qu'il est chaud, c'est-à-dire résoudre le problème dès qu'il apparaît et sans qu'il n'ait le temps de prendre racine et de devenir coriace. Ne minimisons pas nos mauvaises attitudes et les racines d'amertume. Nous devons les prendre au sérieux dès qu'elles se présentent, car une petite masse peut-être le signe avant-coureur d'un problème plus sérieux si nous ne la traitons pas sur le champ. Le remède contre les mauvaises attitudes est l'humilité. 1 Pierre 5 :6; Job 22 :29; Proverbes 29 :23; Matthieu 23 :12; Jacques 4 :10.

Notre bouche

Dans l'évangile selon saint Jean 6 :63, Jésus a dit : « Mes paroles sont esprit et vie.» Car Jésus est le chemin, la vérité et la vie, donc Ses paroles sont vie. Romains 8 : 2 dit : « La loi de l'esprit de vie est en Jésus-Christ. Donc les paroles de Jésus sont esprit, mais un esprit qui produit la vie. » Sur la base de ce principe et de quelques versets que nous allons voir plus loin, nous pouvons dire que la parole est, en général, esprit. C'est la source de la parole qui va déterminer quel type d'esprit est cette parole et ce qu'elle va produire.

- Dieu tient compte de toutes nos paroles

Matthieu 12 :36 dit que le jour du jugement Dieu ne jugera pas seulement nos actions, mais aussi nos paroles et nos intentions. Rappelez-vous toujours que ces trois éléments vont ensemble : les pensées, les paroles et les actions. Nous parlons selon nos pensées et les membres de notre corps matérialisent nos paroles. Pourquoi Dieu jugera-t-il l'homme pour les mauvaises paroles qu'il a proférées? La raison est que la parole qui sort de la bouche de qui que ce soit n'est pas un simple son. Il y a toujours une force spirituelle qui attend des ordres. Lorsqu'un chrétien parle en accord avec la Parole de Dieu, Dieu ordonne à Ses anges d'agir conformément à la Parole prononcée par Son enfant, laquelle est en accord avec Sa volonté. Mais si le chrétien dit des paroles insensées et négatives qui ne cadrent pas avec la Parole de Dieu, les anges de Dieu ne recevront aucun ordre d'agir en sa faveur. Ainsi les démons auront l'occasion d'agir contre ce chrétien à cause des paroles insensées qu'il a prononcées. Matthieu 12 :37 dit que par nos paroles nous serons justifiés et par nos paroles nous serons condamnés. Nous pouvons permettre soit à Dieu d'agir en notre faveur, soit au diable de travailler contre nous.

- La bouche du chrétien est ointe. Matthieu 10 :11-15

Un enfant de Dieu ne doit pas parler avec légèreté car la parole qui sort de sa bouche ne demeurera pas simplement de la parole. Dans ce passage, Jésus dit aux missionnaires que quand ils prononceront la paix, c'est-à-dire quand ils béniront un endroit, si l'endroit est digne de recevoir la bénédiction il sera béni, mais s'il n'en est pas digne nous voyons que ce n'est pas la parole qui retournera aux missionnaires mais plutôt la paix (bénédiction). Ce que je comprends, c'est que dès qu'un serviteur de Dieu prononce une parole de bénédiction, les anges de Dieu s'empressent de l'accomplir. Quand elle sera accomplie, elle ne redeviendra plus parole. C'est pourquoi, si le lieu n'est digne de recevoir la bénédiction, ce n'est pas la parole qui retourne au serviteur, mais la bénédiction selon la parole qu'il avait prononcée.

C'est d'après ce principe que notre pays souffre tant, car nous entendons parfois les non chrétiens et les chrétiens condamner le pays par les paroles qui sortent de leurs bouches. De la même bouche sortent la prière (bénédiction) et la malédiction selon laquelle Haïti ne deviendrait rien. En tant que juste, lorsque vous prononcez une parole de bénédiction, elle s'accomplira comme vous l'avez dit. Ainsi en sera-t-il de la parole de malédiction. Nous trouvons une histoire de ce genre dans 2 Rois 2 :23-25. Un groupe d'enfants irrespectueux se moquaient du prophète Élisée. Celui-ci les maudit et à l'instant des bêtes féroces sortirent de la forêt et en dévorèrent. Quand nous disons que la situation du pays ne changera pas, nous donnons au diable et aux démons l'occasion d'en finir avec le pays.

Beaucoup de serviteurs de Dieu, par les paroles de leurs bouches, donnent accès au diable dans leur vie, leurs familles, leurs finances... Prenons un exemple : lorsque quelqu'un vous demande comment ça va, que lui répondez-vous ? Sûrement, vous dites : je vivote. Ce sont de mauvaises confessions qu'un enfant de Dieu ne doit pas faire dans sa vie. Il est vrai que nous pouvons dire que c'est un élément culturel et que c'est ainsi que les Haïtiens répondent aux salutations d'usage, mais quand la culture est en contradiction avec les principes de Dieu nous devons prendre position en faveur des principes de Dieu.

Car la culture est terrestre et temporelle, mais la Parole de Dieu est universelle et éternelle.

Il y a parfois des chrétiens qui prêtent leur bouche à Satan en vue de détruire leurs femmes ou leurs maris et leurs enfants. Dieu reconnaît l'autorité des parents. L'ordre hiérarchique dans la famille est le suivant : le mari est la première autorité, ensuite c'est la femme. Le mari et la femme doivent prendre des précautions, même quand ils auraient un différend, pour ne pas se dire de mauvaises choses l'un à l'autre. Même quand les enfants seraient turbulents, corrigez-les et disciplinez-les, mais de grâce ne les maudissez pas. Il y a des parents qui pensent à tort que leurs enfants auront du caractère à force de les injurier. Au contraire, ils ne font que donner accès à de mauvais esprits dans leur vie. C'est l'une des raisons pour lesquelles bon nombre de parents qui sont fidèles à l'Église mais dont les enfants sont perdus dans le monde, zélés au service du diable. La bouche des parents a largement contribué à cette situation.

Il y a des églises rachitiques où les chrétiens ne croissent ni spirituellement ni matériellement et ces églises ne connaissent pas non plus de croissance numérique. Le pasteur doit alors vérifier si ses messages parlent positivement ou négativement dans la vie des membres. Nous constatons qu'il y a malheureusement trop de messages de condamnations qui sont délivrés du haut de nos pupitres.

D'après 2 Timothée 3 :16, la Parole de Dieu est utile pour enseigner aux chrétiens, c'est-à-dire leur apprendre ce qu'ils ne savent pas sur Dieu, sur leurs droits et devoirs en tant qu'enfants de Dieu, sur la façon dont Dieu veut qu'ils vivent spirituellement et socialement, entre autres. Quand la parole est prononcée avec onction, c'est le Saint-Esprit qui apporte la conviction. Cela veut dire qu'il nous éclairera sur les choses qui sont dans notre vie par le moyen de la connaissance et de la conviction.

Quand nous sommes convaincus de ce qui n'est pas bon, il nous corrige. Cela veut dire que la Parole ne se borne pas à nous montrer ce qui n'est pas bien, mais elle nous montre aussi ce qui est bien.

Maître, enseigne-nous à prier!

Elle nous instruit dans la justice. Cela veut dire qu'elle nous montre comment marcher dans le sentier de la justice, ce qui est la volonté de Dieu pour ses enfants. Il n'y a aucune place pour la condamnation dans la Parole de Dieu. La Bible dit que nous ne devons même pas laisser notre cœur nous condamner, car le Dieu qui nous pardonne est plus grand que notre cœur, et c'est lui qui nous a créés ainsi que notre cœur.

À l'Église, il y a des gens qui se disent « *exhortateurs* ». Ils accomplissent dans la vie de beaucoup de chrétiens un travail qui n'a rien à voir avec le sens de ce mot encore moins avec Dieu. Ces gens sont très zélés, mais ils n'ont malheureusement pas d'intelligence. Ainsi blessent-ils et découragent-ils des gens davantage? Il y en a parfois qui les poussent à abandonner la foi ou leur assemblée.

Exhorter, selon le sens de ce mot dans la Bible, signifie encourager. Ceux qui ont ce don ont reçu l'onction de Dieu pour exercer un ministère en faveur de ceux qui sont découragés spirituellement et moralement. Ce sont ces personnes-là qui peuvent aller à la rescousse de ceux qui sont en difficulté.

Nous devons veiller en priant

Philippiens 4 :6 nous exhorte à demander à Dieu tout ce dont nous avons besoin. Le verset précise bien tout ce dont nous avons besoin. Plusieurs fois nous nous présentons devant Dieu juste pour réitérer les problèmes, alors que ce n'est pas ce qu'Il attend. C'est ton besoin, la solution au problème qu'il veut que vous Lui exposiez.

1 Pierre 5 :7

La Parole de Dieu nous demande de décharger sur lui nos soucis, car lui-même prendra soin de nous. Ce n'est pas de nos problèmes qu'il faut nous décharger, mais de nos soucis. On ne s'inquiète pas de ce qu'on a déjà et on s'inquiète de ce qu'on n'a pas. Les problèmes auxquels nous faisons déjà face ne peuvent être l'objet de nos soucis; ce sont les solutions qui doivent être nos préoccupations quand nous nous présentons devant Dieu. Dans la prière, c'est le souci, c'est-à-dire la solution au problème, que nous devons confier à Dieu.

La guerre spirituelle

Lorsque nous confions à Dieu l'objet de notre souci par la foi, il se chargera de travailler avec l'objet en vue de concrétiser quelque chose dans notre vie.

Marc 11 :23

Dans ce passage, la montagne représente les problèmes et les difficultés. Jésus ne nous dit pas de présenter les problèmes, mais de commander aux problèmes de se déplacer. Je vous le dis en vérité, si quelqu'un dit à cette montagne : «Ôte-toi de là et jette-toi dans la mer, et s'il ne doute point en son cœur, mais croit que ce qu'il dit arrive, il le verra s'accomplir. » Pourtant, lorsque nous prions, nous prenons plaisir à présenter les problèmes à Dieu. Comprenez bien ce principe : Dieu travaillera avec ce qu'on lui présente. Si on lui présente des problèmes dans la prière, on présente un mauvais objet car Dieu n'a pas de problème chez lui; on n'aura malheureusement pas de réponse espérée car il n'a pas ce qu'on lui présente. Nous voyons dans ces trois cas comment notre bouche peut nous contredire dans nos prières.

Marc 11 :24

C'est pourquoi je vous dis : « *Tout ce que vous demanderez en priant, croyez que vous l'avez reçu, et vous le verrez s'accomplir.* » Nous devons tout demander avec foi. Comment demander avec foi? Nous croyons avoir déjà traité cette question. Bien souvent la foi est autre qu'un mot dans notre pensée, tandis que les problèmes demeurent des images. Qui pis est, nous laissons l'image du problème dominer notre pensée bien que nous ayons fini de prier. L'image qui domine notre pensée est celle qui constitue l'objet de notre foi et qui peut se concrétiser. Après avoir prié ou avant même de prier, nous devons chasser l'image du problème de notre pensée et commencer à imaginer la solution. Bien sûr, c'est avant d'embarquer ou au beau milieu de la mer que nous devons nous contempler et nous voir déjà de l'autre côté (*de la mer*) glorifiant Dieu. Quand nous créons l'image de nos besoins, cela ne veut pas dire que nous devons définir une délivrance pour Dieu. Non, Dieu est souverain. Il choisit comme bon lui semble et emprunte le chemin de son choix.

D'ailleurs la Bible et l'expérience personnelle montrent que Dieu n'emprunte pas souvent le chemin qu'on attendait. Créer l'image signifie ne plus se voir confronté au problème, mais se voir délivré comme le dit Hébreux 11 :1. Veuillez prendre toutes les dispositions pour que votre bouche, votre pensée et votre imagination puissent travailler en votre faveur lorsque vous priez.

Terminons ce point avec quelques versets qui nous montrent encore combien il est important de veiller sur notre bouche.

Proverbes 18 :21 – Il est impératif que le chrétien gagne la bataille dans ces trois domaines de sa vie que sont sa pensée et son imagination, ses attitudes et ses émotions et sa bouche avant d'oser affronter l'ennemi en public. Rappelez-vous que si vous n'avez pas encore vaincu le diable en privé, vous ne pourrez pas le vaincre en public.

s) L'aspect de l'attaque dans la guerre spirituelle

Tentation
Dieu ne laisse pas les tentations venir dans notre vie pour nous détruire, mais pour qu'elles développent en nous la haine du mal. La chose pour laquelle vous avez un faible peut devenir la chose que vous détestez le plus. Satan peut venir vous dire : écoutez, ami, vous ne pourrez pas triompher de cette chose, car c'est cela même votre nature. Puisque nous sommes de nouvelles créatures en Christ, la tentation ne peut que développer notre caractère en Christ et non nous détruire – 1 Corinthiens 10 :13.

Quand le diable attaque un chrétien, celui-ci doit en conséquence dépendre davantage de Dieu qui laisse venir les attaques pour que nous apprenions la leçon de dépendance.

t) La guerre spirituelle est la volonté de Dieu

Dieu donna à Israël tout le territoire du pays de Canaan, mais il revenait au peuple de lutter pour prendre possession du pays. C'est ainsi que Dieu nous laisse sur la terre après notre conversion pour que nous nous engagions dans le combat spirituel en vue de l'avancement de son royaume sur la terre.

u) L'aspect de la lutte

Dans les luttes comme dans les compétitions sportives, il y a toujours un aspect offensif et un aspect défensif. Éphésiens 6 :11 nous montre l'aspect défensif de la bataille dans laquelle nous sommes engagés. Il nous montre comment organiser notre système de défense. Dieu ne veut pas que notre confrontation avec le diable se solde sur un score de parité, encore moins qu'il nous batte. Ainsi nous fournit-t-Il toutes les armes défensives nécessaires. Regardez ce que dit Jésus dans Matthieu 16 :19 : Les portes du séjour des morts ne prévaudront point contre l'Église. Cela veut dire que l'Église doit battre Satan au point qu'il se replie et là même où il est allé se cacher, l'Église doit marcher contre lui. Voilà ce que c'est que la guerre spirituelle. Ce n'est pas un jeu. Nous ne pouvons être des chrétiens qui disent : Satan, garde tes distances et je garderai les miennes. Même si vous vous tenez en respect, Satan lui ne se tiendra pas en respect. Dieu vous donne tout ce qu'il faut pour combattre le diable et le vaincre.

L'intercession

Nous avons déjà parlé de la prière d'intercession, mais nous y revenons. L'intercession est le moyen principal de guerre spirituelle. Dans 1 Timothée 2 :1, 2,8, la Parole de Dieu nous recommande de faire toutes sortes de prières. Ne pensons pas que nous plumons Dieu lorsque nous Lui adressons nos requêtes. Au contraire, Il nous commande de Lui demander. Nous devons continuer à Lui demander jusqu'à ce qu'Il nous exauce.

Que signifie intercession ?

Un intercesseur est quelqu'un qui demande à quelqu'un quelque chose de spécifique en faveur de quelqu'un d'autre. Jésus est le plus grand intercesseur de tous les temps. Hébreux 7 verset 25 : Il a vécu sur la terre pour nous, Il est mort pour nous et vit maintenant pour nous éternellement.

Un intercesseur est quelqu'un qui se tient entre Dieu et quelqu'un d'autre, un membre de famille, une ville, un pays, etc. dans le but de défendre sa cause auprès de Dieu.

Maître, enseigne-nous à prier!

Un autre aspect de l'intercession est ce qu'on appelle la guerre spirituelle où l'on se tient entre Satan et quelqu'un d'autre et lutte contre l'ennemi en faveur de cette personne. Satan déteste les intercesseurs parce qu'ils sont une entrave et un obstacle pour lui sur la terre.

Nous savons que Dieu est souverain. Il peut faire tout ce qu'Il veut, mais nous devons savoir aussi qu'il y a une série de domaines dans lesquels Dieu n'interviendra pas si personne ne Le prie à ce sujet. En priant nous devons avoir la conviction que nos prières vont affecter les situations pour lesquelles nous prions. Cher ami, lorsque nous prions dans le Nom de Jésus, nous devons avoir la certitude que la prière va changer les choses.

Dans **Ésaïe 62 : 6 et 7**, les sentinelles ne doivent jamais fermer se taire ni le jour ni la nuit, rappelant continuellement les promesses de Dieu. Elles ne doivent donner aucun repos aux oreilles de Dieu jusqu'à ce qu'Il réponde. C'est ce genre d'intercesseurs que Dieu veut que nous soyons, car c'est à la dimension de nos prières qu'Il va opérer.

Matthieu 15 :21-29

Faisons quelques remarques dans ce passage. Premièrement, cette femme n'était pas juive et ne vivait même pas en Israël. Le verset 21 dit que la femme était originaire soit de Tyr soit de Sidon. Elle avait certainement l'habitude d'entendre parler de Jésus et Jésus arriva dans son territoire au moment où elle avait vraiment besoin d'aide. Dans le verset 22, la femme vint demander à Jésus de lui venir en aide, mais Jésus ne fit aucun cas d'elle. Le verset 23 dit que malgré le silence de Jésus, elle continua à crier fort jusqu'à ce que les disciples en eussent assez qu'elle crie derrière eux. Ils demandèrent personnellement à Jésus de faire quelque chose pour la femme, non parce qu'ils avaient pitié d'elle mais parce que sa présence ou ses instances les importunaient. Peut-être est-ce l'une des raisons qui poussa Jésus à donner une telle réponse aux disciples, car il n'y avait pas d'amour dans leur demande.

Quand Dieu ne vous répond pas, que faites-vous? Vous laissez tomber ou vous vous dites que si Dieu voulait, il vous répondrait. Avant de prier, vous devez être sûr que vous êtes dans la volonté de Dieu.

Quand Dieu tarde à répondre, faites comme cette femme : continuez à demander. Lorsque nous persistons dans la prière, nous disons à Dieu que nous dépendons de Lui et combien nous croyons qu'Il est un Dieu fidèle et qui peut tout. Tandis que Jésus s'occupait à répondre aux disciples, la femme vint se prosterner devant Lui, disant : Seigneur, secours-moi ! Cette fois Jésus répondit, mais Sa réponse n'était pas du tout polie : Il n'est pas bien de prendre le pain des enfants, et de le jeter aux petits chiens.

Il est important que nous comprenions que lorsqu'on traitait quelqu'un de chien dans la société de cette époque, c'était une injure raciste qui revêtait aussi une dimension religieuse, car c'est ainsi que les juifs considéraient les païens (*goïm comme ils les appelaient*). D'après Dean Sherman, c'est comme si Jésus avait dit à la femme : « *Sais-tu comment la religion juive te voit puisque tu n'es pas juive? Sais-tu qu'elle te considère comme une chienne? Mais où as-tu trouvé cette détermination* ». La femme répondit : « *Oui, Seigneur, je sais que c'est ainsi qu'on me voit et me traite, mais ce dont j'ai besoin tu l'as et je veux que tu me le donnes ou la femme dit encore : Il est vrai que je ne puis t'approcher en tant que fille, car je ne suis pas Juive, mais je peux t'approcher, car étant mon maître et mon créateur, c'est toi qui as créé et les Juifs et les païens.* » Quand on lit le verset 28, on dirait que Jésus trembla devant la foi de la femme et dit : « *Ô que ta foi est grande!* » et d'ajouter : « *Dieu t'a accordé ce dont tu as besoin.* »

Remarque
1- L'histoire de la femme nous révèle qu'il doit y avoir une profonde relation d'amour entre l'intercesseur et l'objet de son intercession, c'est-à-dire la personne ou la chose pour laquelle il prie. Quand Dieu charge un intercesseur de prier en faveur de quelqu'un ou pour une situation, cela ne doit jamais se faire sur une base émotionnelle, mais plutôt sur la volonté de l'intercesseur d'obéir à Dieu. Cette détermination, la femme s'est dite prête à trouver la guérison de sa fille coûte que coûte.

2- L'intercesseur doit avoir une confiance sans mesure dans le pouvoir que Dieu a de faire toutes choses. Il doit croire de tout son cœur que Dieu ne fait point acception de personne et reconnaître qu'Il est le Dieu de toute miséricorde et de compassion.

3- La femme n'était pas prête à négocier la guérison ou la vie de sa fille, et c'est l'une des qualités importantes que doit avoir un guerrier spirituel. C'est ce sentiment qui va vous inciter à lutter jusqu'à la victoire finale.

v) Dieu appelle les guerriers

Dieu veut qu'il y ait toujours la guerre spirituelle. La première partie d'Ésaïe 59 décrit l'état de péché du peuple; la deuxième prononce le châtiment qui tombe sur le peuple à cause de ses péchés. Mais la plus grande stupéfaction de Dieu est quand il ne voit personne qui intercède; il ne voit pas un seul guerrier spirituel qui se tient à la brèche pour défendre le peuple.

Dieu a besoin des intercesseurs, car ce sont eux qui forment son armée terrestre. Jésus nous a enseigné à prier, demandant que la volonté de Dieu soit faite sur la terre comme au ciel. S'il n'y a personne qui prie continuellement et qui livre bataille contre Satan chaque jour sur la terre, nous risquons de ne pas voir la volonté de Dieu s'accomplir dans plusieurs domaines sur la terre. Nous devons prendre des dispositions pour nous engager corps et âme dans la guerre spirituelle comme l'apôtre Paul l'avait fait. Romains 9 :3; 10 :1; 2 Corinthiens 10 :3-5.

w) 10 façons d'engager la guerre spirituelle

Par l'intercession. Daniel 9 :3; Ézéchiel 22 :30,31; Éphésiens 6 :18; 1 Timothée 2 :1-4,8.

En marchant dans la sainteté. Romains 12 :1; 1 Pierre 1 :15,16; 1 Thessaloniciens 4 :7,8; Hébreux 12 :1-4,14; Lévitique 11 :45; Luc 1 :75; 2 Corinthiens 7 :1.

Par l'évangélisation. Jean 15 :16; Matthieu 28 :19,20; Actes 1 :8.
En gardant toujours une bonne attitude. Hébreux 3 :12; 2 Pierre 2 :14; Marc 7 :21-23.

Par le jeûne (référez-vous au chapitre sur le jeûne)

Donner nos dîmes et nos offrandes est une arme qui nous permet de combattre la pauvreté en nous et dans notre environnement. Malachie 3 :1-12; Matthieu 25 :35,40; Actes 2 :44, 45,47; Colossiens 3 :5.

Quand nous avons une vision. Psaume 119 :130; Proverbes 29 :18; Ésaïe 6 :8,9; Jean 1 :4-8.

Quand nous opérons par la foi. Hébreux 11 :6; Jacques 1 :6-8.

En louant toujours Dieu dans toutes les circonstances. 1 Thessaloniciens 5 :16,18; Colossiens 3 :17; Matthieu 5 :11,12.

Lorsque nous faisons preuve d'endurance et de ténacité. Jacques 1 :12; 1 Pierre 5 :9; Éphésiens 5 :20.

Chapitre XI

Comment prier pour notre pays ?

Nous entendons souvent plusieurs chrétiens chanter : « Le monde n'est pas ma patrie, je vais au ciel.» Ils se réfèrent parfois à des versets pour soutenir leurs opinions. Les questions que nous nous posons sont : pourquoi Dieu nous laisse-t-il vivre sur la terre? La Bible enseigne-t-elle que rien de ce qui se passe sur la Terre ne regarde les chrétiens ? Voyons ce qu'elle enseigne à ce sujet.

a) La Bible nous commande de prier pour toute autorité

Dans 1 Timothée 2 :1-4,8, Dieu veut que nous priions pour toutes les autorités, à tous les niveaux du gouvernement. Pourquoi? La raison est que quand quelqu'un est en position d'autorité, il est dans une position d'influencer les autres. LSes décisions qu'il prend affecteront toutes les collectivités qui sont sous sa juridiction. Cette personne devient une cible importante pour Dieu ou pour Satan.

Si Dieu contrôle la vie de cette personne, la Parole de Dieu influencera toutes ses décisions et l'évangile rencontrera moins de résistance dans la communauté. L'impact de Satan s'affaiblira dans cette communauté. Les gens vivront mieux et il y aura plus de moralité et d'honnêteté. Mais nous devons comprendre que Dieu ne pourra pas le faire, à moins que les chrétiens le Lui demandent par la prière. Quand il y a de bons leaders qui dirigent, cela facilite la prédication de l'évangile et les chrétiens servent Dieu en toute liberté.

La volonté de Dieu est que tout le monde parvienne à entendre la bonne nouvelle du Salut. Mais si ceux qui sont en position d'autorité sont influencés par Satan, celui-ci les utilisera pour dresser toutes sortes d'obstacles à l'avancement du royaume de Dieu sur la terre, comme nous pouvons le constater dans certains pays du continent asiatique. Si Satan parvient à contrôler cette personne, il influencera toutes ses décisions à son avantage et pourra avoir ainsi le contrôle de cette communauté. Il aura toute liberté pour mettre à exécution toutes ses actions malhonnêtes dans cette zone.

La question revêt un aspect légal. Satan n'aurait eu aucun pouvoir sur la terre si l'homme ne le lui avait pas donné. Il ne peut avoir aucun droit dans une famille, une ville ou un pays, si une autorité de ces collectivités, qu'elle soit active ou passive, ne lui accorde la permission.

Il y a permission active quand les autorités invitent directement Satan à prendre le contrôle de leurs vies et de ce qu'elles dirigent, par le moyen d'une série d'activités mystiques qu'elles entreprennent.

Il y a permission passive quand les autorités n'invitent pas directement Satan, mais que l'église ne fait absolument rien pour empêcher qu'il prenne le contrôle de la collectivité.

Comprenez bien ceci : contrairement à Dieu, Satan, qu'il soit invité ou pas, cherche constamment à s'immiscer dans vos affaires. Si vous ne lui interdisez pas l'accès, il entrera et quand il entrera, il causera des dégâts.

b) D'où vient l'autorité ?

Dans Romains 13, la Bible dit que c'est Dieu qui a établi le principe de l'autorité. Cela veut dire que l'institution qui est appelée à gouverner et à diriger sur la terre a été établie par Dieu. Nous pouvons le voir depuis le jardin d'Éden. Genèse 1 :26 dit que Dieu a donné à l'homme l'autorité sur toute la création. C'est cette forme d'autorité qu'exerce l'état par le biais du gouvernement.

Nous trouvons également le principe de l'autorité dans la famille. Dieu a vu en Abraham un bon chef de famille qui allait transmettre les promesses de Dieu à ses enfants et ses descendants en leur montrant et leur indiquant comment marcher devant Dieu–Genèse 18 : 18, 19. Dieu commande aux enfants d'obéir, d'honorer leurs parents de peur qu'ils ne meurent prématurément.

Cela veut dire que l'enfant qui déshonore ses parents, signe déjà sa condamnation – Deutéronome 5 :16.

Une autre forme d'autorité que nous trouvons est l'Église. Dans Lévitique 8, c'est Dieu qui a ordonné à Moïse de consacrer Aaron comme souverain sacrificateur et la famille d'Aaron devint une dynastie religieuse. Cela veut dire que ce sont ses enfants, de génération en génération, qui allaient s'occuper de cette fonction. Quand quelqu'un occupe une fonction religieuse, il représente Dieu lui-même. Exode 22 :2 dit que nous n'avons pas le droit de dire du mal de Dieu, ni des chefs qu'il place à la tête du peuple (sacrificateurs, prêtres, pasteurs) – Actes 23 :5.

Il est vrai que c'est Dieu qui a institué le principe de l'autorité, mais cela ne veut pas dire que tous ceux qui font partie du système ont été placés par Dieu. Nous trouvons beaucoup de personnes en autorité dans ces trois domaines qui font fonctionner très mal la machine. Quand il en est ainsi, quel comportement et quelle attitude le chrétien doit-il afficher ? Quand la machine de l'autorité, que ce soit dans la famille, à l'église ou dans le pays, fonctionnent mal, ce n'est pas contre celui qui est en position d'autorité qu'il faut réagir, mais plutôt contre Satan et tous ses suppôts qui cherchent à contrôler la vie de ces gens et faire fonctionner mal la machine de l'autorité. Quand cela se produit, il est temps que le chrétien se jette dans la prière.

1 Timothée 2 :8 nous montre avec quelle attitude nous devons prier. Nous devons prier avec amour dans nos cœurs pour les autorités, sans colère ni mauvaises pensées dans nos cœurs. Quand une calamité ravage le pays, nous devons prier Dieu pour en connaître la cause. Ce passage nous apprend également que même les choses qui paraissent les plus naturelles ont souvent une raison spirituelle à la base. La famine sévissait dans le pays, et le roi David pria (Dieu) pour en connaître la raison parce que la famine n'était pas conforme aux promesses que Dieu avait faites au peuple d'Israël. La prière de David fut exaucée. La famine était due à une injustice commise par le peuple contre les Gabaonites

sous le règne de Saül (2 Samuel 21 :1,2).

Quand nous voyons de mauvaises choses arriver dans notre environnement, il est temps que nous priions et que nous cherchions la face de Dieu afin d'en découvrir la raison de ces choses. Car nous vivons dans un monde à double dimension dans lequel chaque phénomène physique a une cause spirituelle.

2 Chroniques 7 : 14 – C'est l'un des plus grands passages qui montrent combien les chrétiens doivent s'engager dans la prière pour la délivrance de leur pays. Selon ce passage, les conditions spirituelles, matérielles et sociales du pays sont la responsabilité directe des chrétiens. Dieu dit que quand les choses vont mal, très mal dans le pays, c'est le peuple sur qui est invoqué Son nom qui doit intervenir auprès de lui.

(1) Nous devons nous humilier

Cela veut dire que nous devons reconnaître notre culpabilité devant Dieu et que c'est par notre négligence que les choses ont empiré. Nous ne pouvons pas nous présenter devant Dieu pour lui faire des exigences dans cette condition. Nous ne pouvons que Le prier à l'exemple de Daniel, en disant : Nous reconnaissons tous, chefs politiques, chefs religieux et ancêtres, que nous sommes coupables envers toi, Seigneur - Daniel 9 :4, 5. David, lui, a dit : « *J'ai péché contre toi seul, et j'ai fait ce qui est mal à tes yeux, en sorte que tu seras juste dans ta sentence, sans reproche dans ton jugement.*» -Psaumes 51 :3. Ces prières viennent d'un cœur plein d'humilité.

(2) Nous devons prier

Nous devons prier humblement Dieu afin qu'Il intervienne en faveur de la nation et change les situations. Nous devons lui présenter tout ce que nous aimerions voir se réaliser dans la nation spirituellement, économiquement, socialement, politiquement, etc. Nous devons prier avec foi et avec l'assurance que Dieu nous écoutera et nous exaucera.

(3) Nous devons chercher la face de Dieu

Chercher la face de Dieu, je veux y voir un type de prière qui ressemble à la prière de Daniel dans le chapitre 9. Daniel insista auprès de Dieu et il lui dit : « *Je ne te relâcherai pas, jusqu'à ce que je t'aie trouvé. Il passa trois semaines dans la prière jusqu'à ce qu'il trouvât ce qu'il cherchait.* » Quand nous prions Dieu pour quelque chose, nous devons être déterminés à trouver la réponse. Nous devons nous dire que notre Dieu n'est ni un maître ni une idole, mais un Dieu vivant, réel, vrai, qui a des oreilles pour entendre et une bouche pour parler. Quand ses enfants prient conformément à sa volonté, il entend et s'il entend, il répond. Je ne lâcherai pas jusqu'à ce qu'il réponde.

(4) Nous devons nous détourner de nos méchancetés

Voilà le hic, la plus grande difficulté. Nous acceptons souvent d'obéir aux trois premiers principes, mais le quatrième est toujours pour nous un obstacle. Il ne suffit pas de confesser nos péchés, mais nous devons également nous disposer à les laisser et les abandonner. Car aussi longtemps qu'ils seront dans notre vie, Dieu ne pourra pas intervenir en notre faveur. Dieu est Sainteté. Notre vie doit faire la différence pour Dieu afin qu'il puisse agir en notre faveur. Si nous demeurons dans le péché, Dieu n'agira pas en notre faveur. Dans ce cas, Satan aurait le droit d'engager un procès avec Dieu. Du moins, Satan aurait le droit de réclamer tout ce que Dieu ferait dans notre vie, car nos œuvres témoignent clairement que nous travaillons pour Satan. Nous devons prendre toutes les dispositions pour abandonner nos péchés.

- L'église doit se laver la figure

L'Église doit se mettre en position de se présenter devant Dieu pour la nation. Bien souvent la société est le reflet de l'Église. Les péchés qui minent souvent la société se retrouvent aussi au sein de l'Église, sous une forme ou une autre. Ce qui disqualifie l'Église à se tenir devant Dieu pour défendre la société. Dieu n'est pas plus étonné que cela quand ce sont ceux qui pratiquent l'injustice comme le vol, le meurtre, qui commettent toutes sortes de péchés. On dirait que c'est normal pour eux. Mais ce qui scandalise Dieu, c'est lorsque ceux qui sont supposés diriger le monde pratiquent les mêmes péchés qu'eux. Quand la situation est ainsi, toute la société peut être témoin de la colère de Dieu – Ésaïe 1 :10-15. Donc, avant que l'église aille devant Dieu avec les péchés de la société, elle doit s'examiner elle-même pour voir comment cela marche. Regardez ce que Dieu dit concernant les sacrificateurs (*les*

Maître, enseigne-nous à prier!

pasteurs) dans Malachie 2 :1-4.

Nous nous demandons souvent pourquoi certains pays sont si hostiles à l'évangile et connaissent un minimum de prospérité matérielle, contrairement à d'autres pays qui acceptent apparemment l'évangile. La réponse est que Dieu ne traite pas un pays selon le comportement de son autorité politique, mais selon la performance de l'église de ce pays. Souvent c'est quand l'Église est persécutée qu'elle se fortifie. Les chrétiens ne se découragent pas. Cela ne veut pas dire que Dieu ne jugera pas ce régime politique, mais à cause des saints Il permet un mieux-être dans ce pays.

- Les pasteurs doivent être en harmonie
Un des obstacles majeurs auxquels font face les prières que nous adressons en faveur du pays est la désunion qui règne entre les leaders des églises. La Bible dit qu'un seul peut chasser mille mais que deux peuvent chasser dix mille. Satan connaît très bien ce principe. Voilà pourquoi il donne aux pasteurs toutes les raisons pour ne pas s'entendre. Quand ce n'est pas la doctrine du pa m pi bon (le mien est le meilleur), c'est l'orgueil spirituel ou un problème moral. S'il ne s'agit pas d'un problème moral, c'est la discrimination intellectuelle, entre autres. Entre-temps, le royaume des ténèbres gagne du terrain. Nous ne disons pas que toutes les églises doivent entretenir les mêmes convictions religieuses dans les moindres détails; nous ne sommes pas partisans de l'uniformité, mais si nous sommes des églises évangéliques, il nous faut trouver un dénominateur commun. Nous devons trouver des points solides, sans entrer dans les détails, capables de nous unir. Sur la base de ces liens, nous pouvons aller ensemble devant Dieu pour la délivrance de la nation (Romain 16 :17; Tite 3 :10-11; Jacques 3 :14,16).

- Nous devons prier avec connaissance
Dans un ouvrage écrit par Peter Wagner intitulé : « *Comment abattre les forteresses dans votre ville* », se développe un concept qui s'appelle la cartographie spirituelle. Qu'est-ce que la cartographie spirituelle? C'est une étude qui doit se faire sur la ville ou le pays en faveur duquel on prie.

Cette étude porte sur l'histoire de la fondation de cette ville ou ce pays, sur son histoire ultérieure, l'histoire de sa religion, ses conditions physiques ; cela veut dire qu'il faut étudier le plan de la ville ou du pays et la façon dont il a été tracé, arriver à connaître aussi dans le domaine spirituel quels sont les esprits qui dominent cette zone. La cartographie spirituelle nous aidera à prier avec plus de précision. Elle nous permettra de nous attaquer au problème directement.

Nous devons reconnaître qu'une seule personne ne peut être l'artisan de toute cette œuvre. Il faudra toute une équipe qui soit ferme dans sa foi et qui croie vraiment en la cause qu'elle défend. C'est ce qui rend réellement importante l'unité entre les pasteurs pour que le combat soit plus efficace.

Voici la liste des questions relatives à chaque domaine qui vous aideront à mieux vous orienter dans vos recherches.

A. La recherche historique

1) L'histoire de la ville ou du pays
Qui étaient les fondateurs de la ville ou du pays ?
Quelle était leur raison personnelle, voire collective à vouloir fonder la ville ou le pays ? Quelles étaient leurs croyances et leurs philosophies? Quelle était leur vision pour l'avenir de la ville ou du pays?

Quelle est la signification du nom d'origine de la ville ou du pays ? Le nom a-t-il été changé ? Y a-t-il d'autres noms ou appellations populaires de la ville ou du pays ? Ces noms ont-ils une signification? Sont-ils liés à une quelconque religion? Sont-ils des noms démoniaques ou occultes? Suggèrent-ils la bénédiction ? La malédiction ? Soulignent-ils le don rédempteur de la ville ? Reflètent-ils le caractère des habitants de la ville ?

2) L'histoire ultérieure de la ville ou du pays
Quel rôle la ville a-t-elle joué dans la vie et le caractère du pays considéré dans son ensemble ? Quel rôle le pays a-t-il joué dans l'histoire de la région ?

Maître, enseigne-nous à prier!

Au fur et à mesure que des dirigeants importants sont apparus, quelle a été leur vision pour leur ville ou leur pays ?

Des changements radicaux ont-ils eu lieu dans le gouvernement ou la direction de la ville ou du pays?

Y a-t-il eu des changements importants ou soudains dans la vie économique de la ville ou du pays ? La famine ? La dépression ? La technologie? L'industrie ? La découverte de ressources naturelles ?

Quelle immigration importante a eu lieu? Une nouvelle langue ou culture a-t-elle été imposée à la ville ou au pays dans son ensemble ?

Certains dirigeants de la ville ou du pays ont-ils rompu des traités, des contrats ou des alliances ?

Des guerres ont-elles eu une quelconque incidence sur la ville ? Y a-t-il eu du sang versé?

Quels désastres naturels se sont abattus sur la ville ou le pays ? Y a-t-il de la justice sociale ? Y a-t-il des preuves de corruption mettant en cause des dirigeants ?

La ville a-t-elle une devise ou un slogan ?

Quelle sorte de musique les gens écoutent-ils? Quel est le message propagé par cette musique?

Les habitants de la ville sont-ils positifs ou négatifs ?

B. L'histoire de la religion dans la ville

1) Les religions non chrétiennes

Quelles étaient les opinions et les pratiques religieuses de ceux qui habitaient la région avant que la ville ou le pays ait été fondé ?

Des facteurs religieux importants sont-ils intervenus dans la fondation de la ville ou du pays ?

Des religions non chrétiennes se sont-elles propagées dans la ville ou dans le pays d'une manière importante ?

Quels ordres secrets (tels que la franc-maçonnerie) ont été présents dans la ville ?
Des réunions de sorcières, de groupes satanistes, ou de toute autre secte, ont-elles eu lieu dans la ville ou le pays ? Lesquelles ?

2) Le christianisme
Le christianisme est-il entré dans la ville ou dans le pays, et si oui, quand et dans quelles circonstances ?

Les tout premiers leaders chrétiens ont-ils été fidèles à Dieu ou ont-ils cloché des deux côtés ?

Quel rôle la communauté chrétienne a-t-elle joué dans la vie de la ville ou du pays dans son ensemble ? Y a-t-il eu des changements à ce sujet ?

Le christianisme dans la ville ou dans le pays, augmente-t-il, s'est-il stabilisé, ou bien décline-t-il ?

3) Les relations entre les religions
Y a-t-il eu conflit entre les diverses religions présentes dans la ville ou dans le pays ?

Y a-t-il eu conflit entre les chrétiens ?

Quelle est l'histoire des divisions des églises intervenues dans la ville ou dans le pays ?

4) La recherche physique
Cherchez des cartes différentes de la ville, et particulièrement parmi les plus anciennes. Quels changements sont intervenus dans les

caractéristiques physiques de la ville ?

Qui a conçu la ville ? Des francs-maçons y ont-ils participé ?

Y a-t-il des dessins ou des symboles importants perceptibles mais cachés dans le plan originel ou dans la conception première de la ville ?

Y a-t-il quelque chose de significatif dans l'architecture ou dans l'emplacement, les uns par rapport aux autres, des bâtiments centraux, particulièrement ceux représentant les pouvoirs politiques, économiques, scolaires ou religieux de la ville ? Des francs-maçons ont-ils posé une ou plusieurs des pierres angulaires?

S'est-il produit un fait historique important concernant le terrain sur lequel un ou plusieurs de ces bâtiments se trouvent? A qui appartenait la terre à l'origine ?

Quels sont les antécédents des parcs et des places de la ville ? Qui les a commandés et financés? Quelle est l'importance de leurs noms ?

Quels sont les antécédents et l'importance éventuelle des statues et des monuments de la ville? Y en a-t-il qui possèdent des caractéristiques démoniaques, ou bien qui glorifient la créature plutôt que le Créateur?

Y a-t-il d'importants sites archéologiques (grottes, cavernes, etc.) dans la ville? Quelle en est leur signification?

Où se situent les lieux où le péché s'affiche, tels les bordels, les maisons de jeu, les cliniques spécialisées dans l'avortement, les boîtes de strip-tease, offrant toutes sortes de spectacles, etc.?

Quels sont les quartiers où l'on trouve le plus de violence, d'exploitation, de pauvreté, de maladie ou d'accidents fréquents ?

Où se trouvent les emplacements où, par le passé ou récemment, le sang a été versé lors d'un massacre, d'une guerre, ou d'un meurtre ?

Certains repères de la ville ont-ils reçu des noms qui ne glorifieraient pas Dieu ?

Quel est le point géographique le plus élevé de la ville ou du pays et que s'y trouve-t-il? Cela peut être une déclaration d'autorité.

Quels secteurs, zones ou quartiers de votre ville semblent avoir des caractéristiques propres ? Essayez de discerner des secteurs de la ville qui semblent avoir un environnement spirituel différent.

C. La recherche spirituelle

1) La recherche non chrétienne
Quels sont les noms des principales déités ou des esprits territoriaux associés à la ville, aujourd'hui comme par le passé ?

Où se trouvent les hauts lieux de la ville tels que les autels, les temples, les monuments ou bâtiments associés à la sorcellerie, à l'occulte, à la voyance, au satanisme, à la franc-maçonnerie, aux mormons, aux religions orientales, aux témoins de Jéhovah, et ainsi de suite? Une fois pointés sur la carte, ces endroits forment-ils un schéma quelconque ?

Quels sont les sites où, par le passé, ont eu lieu des manifestations d'adoration païenne, même avant la fondation de la ville ?

Quels sont les différents centres culturels qui pourraient contenir de l'art ou des objets d'art liés à l'adoration païenne ?

Y a-t-il eu des malédictions connues prononcées sur la ville ou ses fondateurs par les premiers habitants ?

2) La recherche chrétienne
Comment les messagers de Dieu ont-ils été reçus par la ville? L'évangélisation a-t-elle été facile ou difficile?

Où se trouvent les églises? Les considérez-vous comme donnant la vie?

Qui sont les leaders chrétiens considérés comme des anciens de la ville?

Est-ce facile de prier dans tous les quartiers de la ville?

Quelle est la situation parmi les leaders chrétiens en ce qui concerne l'unité des ethnies et des dénominations?

Quelle est l'opinion des dirigeants de la ville sur ce qui concerne la moralité chrétienne?

3) *La recherche par la révélation*

Qu'entendent de Dieu les intercesseurs expérimentés et reconnus en ce qui concerne la ville ?

Quelle est l'identité des principautés les plus importantes qui semblent avoir le contrôle soit de la ville ou de la vie de la ville dans son ensemble, soit de certains quartiers ?

Il ne sera pas trop facile de trouver des réponses exactes à toutes ces questions, mais nous devons disposer d'un minimum d'informations sur les localités de la ville ou du pays pour que nos prières soient plus efficaces. Si nous désirons que nos prières soient inefficaces, nous devons améliorer sinon changer nos stratégies. Rappelez-vous que nous vivons dans un monde à double dimension: l'une physique, et l'autre spirituelle. Rien ne se fait sans cause. Toute réalité spirituelle a une expression matérielle et toute réalité matérielle a une dimension spirituelle. Si nous ne parvenons pas à découvrir la vraie source de nos problèmes, nous ne pourrons jamais les résoudre. Éphésiens 6 dit que nous ne luttons pas contre les entités physiques. Cela veut dire que nos vrais ennemis sont des esprits. Si nous ne pouvons pas les identifier et les combattre, nous sommes dans de beaux draps. 2 Corinthiens 10 :3,4.

Délivrer une ville ou un pays des griffes de Satan n'est pas une mince affaire. Ni une personne ni une église ne pourront le faire toute seule. Voilà pourquoi nous lançons un appel à l'unité et non à l'uniformité en vue de constituer une armée bien formée et bien équipée pour déloger les légions de démons qui sont dans nos villes ou sur tout le territoire de notre pays. Amen.

www.ingramcontent.com/pod-product-compliance
Lightning Source LLC
Chambersburg PA
CBHW071815080526
44589CB00012B/800